盛永祥
著

产学研合作中的协调机制研究

江苏大学出版社
JIANGSU UNIVERSITY PRESS
镇　江

图书在版编目(CIP)数据

产学研合作中的协调机制研究 / 盛永祥著. —镇江：江苏大学出版社，2014.11
ISBN 978-7-81130-849-5

Ⅰ.①产… Ⅱ.①盛… Ⅲ.①产学研一体化－研究－中国 Ⅳ.①G640

中国版本图书馆 CIP 数据核字(2014)第 259933 号

产学研合作中的协调机制研究
CHANXUEYAN HEZUO ZHONG DE XIETIAO JIZHI YANJIU

著　　者/盛永祥
责任编辑/柳　艳
出版发行/江苏大学出版社
地　　址/江苏省镇江市梦溪园巷 30 号(邮编：212003)
电　　话/0511-84446464(传真)
网　　址/http://press.ujs.edu.cn
排　　版/镇江文苑制版印刷有限责任公司
印　　刷/丹阳市兴华印刷厂
经　　销/江苏省新华书店
开　　本/890 mm×1 240 mm　1/32
印　　张/5
字　　数/170 千字
版　　次/2014 年 11 月第 1 版　2014 年 11 月第 1 次印刷
书　　号/ISBN 978-7-81130-849-5
定　　价/35.00 元

如有印装质量问题请与本社营销部联系(电话：0511-84440882)

目 录

第1章　导　论

1.1　研究背景及意义

目前,学术界和产业界已经意识到产学研合作在微观上是提高企业技术研发能力的有效方式之一,同时也是科学技术转化为现实生产力的最佳途径;在宏观上是优化资源配置和生产力各要素、整合国家科技与经济系统结构的有力措施。产学研合作已经赢得了世界各国的产业界、学术界乃至政府的高度重视。因此,展开对影响产学研合作的绩效评估和保持产学研合作长期稳定就显得尤为重要。

从现有研究看,很多学者对我国产学研合作的问题和对策进行了广泛研究,但总体上来说还不够深入。多数研究还停留在表面现象上,对产学研合作这一课题亟须引入新的研究思路和方法,对产学研合作机制的研究在我国仍然任重而道远。因此本书采用博弈理论、动力系统理论和复杂网络理论相结合的方法,对产学研合作机制进行定量分析研究。这一研究对于提高以企业为主体的产学研合作绩效、促进国家创新体系建设、建设创新型国家以及高水平大学无疑具有重要的理论和现实意义。

(1) 产学研合作协调机制研究对于提高以企业为主体

的产学研合作绩效有重要意义。

建立以企业为主体、市场为导向、产学研相结合的体系，是我国的一项长期战略任务，很多专家和学者对此进行了长期的探索，取得了一些重要成果。但是产学研各方之间人员和报酬、协调模式和演化究竟是怎样的关系，它们在这个合作体系中的收益和策略如何？如果从博弈论的角度进行探索和研究上述这些问题，可能会得到更加清晰和富有深度的答案。因此，这些问题的解决对于提高以企业为主体的产学研合作绩效有重要的理论和现实意义。

（2）产学研合作协调机制的研究对于促进国家创新体系建设以及建设创新型国家有重要意义。

国家明确提出：以企业为主体、产学研结合的技术创新体系是中国特色国家创新体系建设的突破口，到2020年进入创新型国家行列，为在20世纪中叶成为世界科技强国奠定基础。运用动力系统理论来研究产学研合作中共性技术扩散与吸收的创新网络同步问题，对产学研合作创新的认识和理解将更加深入，从而提出更好地促进产学研合作创新的措施，对于推进国家创新体系建设和实现创新型国家的战略目标具有重要的理论和现实意义。

（3）产学研合作协调机制的研究对于建设高水平大学有重要意义。

对于大学和企业而言，知识经济带来的是全球竞争，这迫使二者为了生存和发展而加强相互之间的合作，走产学研合作的道路。知识经济加速了世界经济市场化的进程，大学置身于日趋激烈的竞争环境之中，也面临着求生存求发展的问题。特别是办现代大学耗资巨大，政府拨款已不能满足学校的需求，而且这种供求之间的差距有拉大的趋势，严峻的形势迫使学校必须面向企业寻求支持。在产学研合作研发组织中，控制权和技术许可条件下收益分配比例系数的确定等问题的研究解决，搭建起了企业与高等院校相互沟通的桥梁，并使得高等教育直接面向市场，拓宽了高等教育的渠道，改变了过去陈旧的教育模式，加强了高等院校的学科建设和科研实力。

1.2 国内外研究现状

目前产学研合作的研究受到越来越多的重视，国内外众多的学者从不同角度进行了研究，涌现出了大量的文献和专著。不过，产学研合作方面的研究时间毕竟还短，尤其是从博弈论、动力系统理论和复杂网络理论出发的文献数量偏少，理论成熟度也有欠缺。本节在归纳产学研合作相关文献资料的基础上，从影响产学研合作机制的人员、研发组织、企业、网络和通道等方面分别展开论述。

(1) 产学研合作中人员匹配关系、报酬激励及风险研究

在产学研合作中，企业人员与研究人员的匹配等问题一直是学者们的研究热点，Dormann 分析了工作中的环境、压力和人的匹配关系，提出了三种匹配原则①；Robst 研究了教育和工作的匹配，用数据说明大学生工作和专业的

① Dormann C. Stressors, resources, and strain at work: A longitudinal test of the triple-match principle. *Journal of Applied Psychology*, 2006, 91.

关联程度不强[①]。Yakusheva 研究了工作收入和受教育程度，通过对网络上就业数据的分析，指出职业和受教育程度的匹配质量对个人收入的影响极大[②]。Bidner 用博弈论的方法，考虑投资摩擦等因素，设计了一个刺激提高投资机会匹配程度的环境，并指出存在一个帕累托均衡[③]。Frigon 研究了在考虑精神延迟情况下的任期、满意和工作环境配对关系的问题，得到了工作满意度和工作环境的适应提高雇员效率的效用函数[④]。Sakurai 用日本的产业数据分析就业中的地区、年龄和性别不匹配问题，认为这种不匹配关系在商业周期和产业变动中表现得更为明显[⑤]。Andrews 研究了在新兴产业市场寻找工作者和职业匹配机会的概率，得到了高工资是导致工作者与职业匹配机会概率低的主要因素的结论[⑥]。Rege 分析了社会地位与工作的关系，指出如果工作有好的社会地位，就可以促进就业和提高工作者的潜能[⑦]。类似的文章还有 Altay 运用遗传算法研究

---

① Robst. Education and job match: The relatedness of college major and work. *Economics of Education Review*, 2007, 26.

② Yakusheva. Return to college education revisited: Is relevance relevant? *Economics of Education Review*, 2010, 28.

③ Bidner. Pre-match investment with frictions. *Games and Economic Behavior*, 2010, 68.

④ Frigon. Tenure, satisfaction, and work environment flexibility of people with mental retardation. *Games and Economic Behavior*, 2006, 68.

⑤ Sakurai. Estimation of mismatch and u-v analysis in Japan. *Japan and the World Economy*, 1992, 4.

⑥ Andrews. Estimating the probability of a match using microeconomic data for the youth labour market. *Labour Economics*, 2001, 8.

⑦ Rege. Why do people care about social status? *Journal of Economic Behavior & Organization*, 2008, 66.

了随着服务产业的成长，工作技能和任务的匹配关系，得到两阶段的匹配适应度[①]。

随着经济发展水平的提高，产学研中企业给予研究人员的激励方式也具有多样性。Maurin 利用法国公司的数据分析了固定报酬合同对研究人员的激励作用，其中对长期固定报酬合作对公司成本的影响做了深入的分析[②]。Funke 和 Michael 以中国新劳动合同法为研究对象，强调劳动时间、最低报酬和外部选择对中国经济的影响[③]。Ying Wu 分析报酬合同和在职培训在最优合同设计中的相互作用，强调研究人员的报酬合同与他工作之前所受的教育不完全匹配[④]。Danziger 和 Leif 则讨论了产学研工作环境的不确定性对研究人员报酬的影响[⑤]，Wildasin 则分析了产学研中工作流动性、风险报酬和合同内容的相互作用[⑥]，Riphahn 研究了短期报酬合同和员工努力中的道德风险问题[⑦]，Susana 研究了半导体产业中研究人员的努力信

---

① Altay. Win-win match using a genetic algorithm. *Applied Mathematical Modelling*, 2010, 34.

② Maurin. Fixed-term contracts and the dynamics of labour demand. *European Economic Review*, 2001, 45.

③ Funke, Michael. China's new Labour Contract Law: No harm to employment? *China Economic Review*, 2009, 20.

④ Ying Wu. Substitution between wages and on-the-job training in an optimal labor contract. *International Review of Economics & Finance*, 2003, 12.

⑤ Danziger, Leif. Extension of labor contracts and optimal backpay. *Labour Economics*, 2008, 15.

⑥ Wildasin. Economic integration and labor market institutions: Worker mobility, earnings risk, and contract structure. *Regional Science and Urban Economics*, 2007, 37.

⑦ Riphahn. Temporary contracts and employee effort. *Labour Economics*, 2005, 12.

号和报酬激励问题①。强调产学研合作的利益分配、重复谈判和多代理人及道德风险下多种激励方式的还有 Zhao，Dubois 等②③。

上述研究成果集中在教育、工作和产业与人员的匹配以及工作的不确定性、流动性和工作的努力与工作报酬问题，但是没有考虑到不同产业的人员匹配关系和转换成本，以及多名研究人员工作的相关性和工作成果信号的多种形式对工作报酬的影响。

(2) 产学研合作研发组织中控制权以及技术许可条件下收益分配比例系数研究

以企业为主体、产学研相结合的研发组织，是企业克服自身研发能力不足和高校提高创新力的物质基础。寻求科研机构或大学院校进行合作，是共同提高研发组织经济效益的重大措施。合作双方如何实现长期双赢局面，进行要素的合理流动，将在很大程度上决定研发组织的经济效益。产学研合作研发组织中的控制权问题一直是学者们研究的热点。Chhaochharia 研究了研发组织中控制权的形式和种类，评估了规模巨大的跨国公司的研发组织治理对公司的价值影响④；Rajagopalan 研究了中国和印度企业中研发组

---

① Susana. Indefinite contract duration: evidence from electronics subcontracting. *International Review of Law and Economics*, 2010, 30.

② Zhao Rui. Renegotiation-proof contract in repeated agency. *Journal of Economic Theory*, 2006, 131.

③ Dubois. Optimal incentives under moral hazard and heterogeneous agents: Evidence from production contracts data. *International Journal of Industrial Organization*, 2010, 27.

④ Chhaochharia V. Corporate governance norms and practices. *Journal of Financial Intermediation*, 2009, 18(3).

织控制面临的挑战和机遇，分析了在私有化和全球化浪潮下控制权面临的障碍[①]。James研究了CEO的个性和研发组织控制行为变化的影响，采用了1 721家公司从1980年到1995年不同阶段的面板数据，分析这两者之间的显性关系[②]。Bruno研究了研发组织中的过多控制问题，认为在一个法制健全的社会，降低专业控制将有助于提高研发组织绩效，而对研发组织较多的控制可能会降低研发组织的价值[③]。Marnewick研究了软件项目管理中的控制权，通过调查分析得出软件项目管理的控制权和其他项目相同的结论[④]。Yasuhiko分析了研发组织之间的控制合同会影响企业最终面临的市场结构。通过调查发现：具有独占市场结构的企业对研发组织的控制力最大，而双寡头市场结构的研发组织对社会的福利最大[⑤]。Akira研究了随机条件下研发组织中的联盟均衡，推导出这个有效的纳什均衡是其中的一个核心[⑥]。Herings证明不对称情况下产学研合作

---

① Rajagopalan N. Corporate governance reforms in China and India: Challenges and opportunities. *Business Horizons*, 2008,51(1).

② James N. Corporate governance practices,CEO characteristics and firm performance. *Journal of Corporate Finance*,2005,11(1).

③ Bruno V. Corporate governance and regulation: Can there be too much of a good thing. *Journal of Financial Intermediation*,2009,19(4).

④ Marnewick C. An investigation into the governance of information technology projects in South Africa. *International Journal of Project Management*,2010,29(6).

⑤ Yasuhiko N. Bargaining over managerial delegation contracts and merger incentives in an international oligopoly. *Research in Economics*, 2010, 65(1).

⑥ Akira O. Coalitional bargaining games with random proposers: Theory and application. *Games and Economic Behavior*,2011,73(1).

中的研发组织不存在纳什均衡的收敛性，但是如果给定多种约束，那么存在收敛的纳什均衡的可能性[①]。类似的文章还有：Dongmo 研究了在有限理性条件下，研发组织中的讨价还价均衡[②]；Duozhe 研究了研发组织讨价还价中的承诺和妥协，分析讨价还价的各种态度下承诺是不可信的，并给出了不相容的承诺和妥协的纳什均衡模型[③]。

随着科技的迅速发展，产品生产所需技术的复杂性增加，产品生命周期越来越短，发展中国家的企业很难完全依靠其自身的技术研发力量来获得新技术和开发新产品，以满足产品生产和市场的需求。技术许可是产学研合作中的重要方式，但由于许可方和接受方的信息不对等，双方共同确定的收益分配比例系数会对技术转移的成功与否起到重要作用。产学研合作中，技术许可的条件和实现一直是学者们的研究热点。Bosworth 研究了中国知识产权法律和技术许可的关系，指出在缺少专利、商标和设计保护的条件下，发达国家不愿意向发展中国家转让技术[④]；Fershtman 研究了在不对称研发速度下的许可、模仿和专利问题，用模

---

① Herings P. On the asymptotic uniqueness of bargaining equilibria. *Economics Letters*，2011，111(3).

② Dongmo Z. A logic-based axiomatic model of bargaining. *Artificial Intelligence*，2010，174(16－17).

③ Duozhe L. Commitment and compromise in bargaining. *Journal of Economic Behavior & Organization*，2010，77(2).

④ Bosworth D. Intellectual property law, technology flow and licensing opportunities in the People's Republic of China. *International Business Review*，2000，9(4).

型证明不同类型的企业在不同研发阶段具有各自的优点①。Gordanier研究了技术许可的使用期限问题，通过分析技术创新的多个阶段和技术许可时间的关系，指出技术许可的最优时间可能少于专利的使用时间；在信息不对称和风险规避情况下，相互信任的合同比收取固定费用的技术许可更有益②。Kim 用美国生物行业的数据，实证分析了在全球经济背景下技术许可中的合作伙伴选择，得到技术许可更容易在共同制造、销售的合作伙伴中进行选择的结论③。Lichtenthaler 研究了主动和被动的技术许可的决定因素，一个公司的技术创新系统的特点决定了不同战略类型的许可，得出交易频率和竞争力强弱对主动和被动的许可产生不同的影响④。Tanaka 建立一个发展中国家的国际技术转让和技术许可的质量阶梯型动态一般均衡模型，探讨改善达到一个努力的许可协议的可能性，并分析许可费率的短期和长期影响⑤。Zylbersztajn 研究了关于巴西种子产业的稳定评估技术许可协议合同的生存问题，采用随时间变化的危险率模型，使用种子公司之间的技术许

---

① Fershtman C. Patents, imitation and licensing in an asymmetric dynamic R&D race. *International Journal of Industrial Organization*, 2011, 28(2).

② Gordanier J. On the duration of technology licensing. *International Journal of Industrial Organization*, 2011, 29(1).

③ Kim Y. Choosing between international technology licensing partners: An empirical analysis of U. S. biotechnology firms. *Journal of Engineering and Technology Management*, 2011, 26(1－2).

④ Lichtenthaler U. Determinants of proactive and reactive technology licensing: A contingency perspective. *Research Policy*, 2011, 39(1).

⑤ Tanaka H. Dynamic analysis of innovation and international transfer of technology through licensing. *Journal of International Economics*, 2007, 21(8).

可合同和政府的研发组织的数据找到了许可合同终止的影响因素①。张奇等研究了基于技术许可的校企合作创新博弈模型构建，校企间信息不对称技术许可合作的创新过程，并对相关参数进行了估算②。类似的还有潘小军等研究了基于网络外部性的固定与比例抽成技术许可问题，利用数量竞争模型，考虑技术在具有网络外部性特征的情况下，当企业拥有降低成本的技术创新时，对固定费用和抽成许可这两种技术许可的定价方式进行了比较③。

然而，由于产学研合作中技术许可的产业和市场竞争程度不同，产学研合作中技术许可收益分配比例系数确定的理论依据仍不健全。运用博弈论的不完全信息中的信号博弈理论，构建了产学研合作中技术许可条件下收益分配比例系数的信号博弈模型，分析了不同获利类型接受方的收益分配比例系数的确定过程，同时采用古诺竞争模型估算了模型中的参数。

(3) 产学研合作中基于企业主体地位的协调模式和合作组织之间交流方式协调均衡研究

由于全球竞争的加剧，产学研各主体的协调模式已逐步取代传统的计划模式，并进一步演变为复杂的混合模式。Acworth 分析了高校、研究所和企业的互动，强调信息沟通

---

① Zylbersztajn D and Lazzarini S G. On the survival of contracts: Assessing the stability of technology licensing agreements in the Brazilian seed industry. *Journal of Economic Behavior & Organization*, 2005, 56(1).

② 张奇，张志刚，王晓蓬：《基于技术许可的校企合作创新博弈模型构建研究》，《科学学研究》，2009 年第 6 期。

③ 潘小军，陈宏民，胥莉：《基于网络外部性的固定与比例抽成技术许可》，《管理科学学报》，2008 年第 6 期。

模型，其中对信息在合作中的作用做了深入的分析[①]。类似的还有 Lecuyer 的研究[②③]。Hershberg 等以亚洲城市的企业为研究对象，强调基于信息协调的产学研合作[④]。Tether 等也从产品创新、独立研究机构和高校的互动出发来研究产学研合作[⑤]。Marques 等则讨论了科英布拉大学的产学研合作如何影响了葡萄牙的产品创新能力[⑥]。Inzelt 则讨论了产学研合作的演化进程和模型[⑦]。强调产学研合作的技术转移和沟通机制的还有 Mowery，O'Shea 等[⑧⑨]。

不同的产学研合作组织之间需要不同的交流方式，而

---

① Acworth E. A strategic planning process for organizations at the university-industry interface. *Technovation*, 2006, 26.

② Lecuyer C. Academic science and technology in the service of industry: MIT creates a 'permeable' engineering school. *American Economic Review*, 1998, 88.

③ Lecuyer C. What do universities really owe industry? *Minerva*, 2005, 43.

④ Hershberg E, Nabeshima K. Opening the ivory tower to business: University-industry linkages and development of knowledge-intensive clusters in Asian cities. *World Development*, 2007, 35.

⑤ Tether J, Tajar A. Beyond industry-university links: Sourcing knowledge for innovation from consultants, private research organizations and the Public science base. *Research Policy*, 2008, 37.

⑥ Marques J, Caraca C. How can university-industry-government interactions change the innovation scenario in Portugal. *Technovation*, 2006, 26.

⑦ Inzelt J. The evolution of university industry-government of relationships during transition. *Research Policy*, 2004, 33.

⑧ Mowery D, Shane M. Introduction to the special issue on university entrepreneurship and technology transfer. *Management Science*, 2002, 48.

⑨ O'Shea R, Allen T. Delineating the anatomy of an entrepreneurial university: The Massachusetts Institute of technology experience. *R&D Management*, 2007, 37.

不同交流方式协调组合的均衡效果也不一样。另外，不同合作网络的互动水平与产学研合作组织演化过程中不同人员交流方式的变化，会影响到采用不同交流方式的协调均衡的实现。产学研合作组织之间交流方式的协调均衡问题一直受到学者们的关注。Semsar 采用博弈方法分析多个团队合作协调的问题，提出了协调的难点所在①；Hossain 研究了沟通网络的中心度和有组织协调的关系，设计了文本挖掘方法并用大量数据说明多种沟通方式的协调度问题②。Riechmann 研究了竞争作为协调的一种重要手段，通过对组织内部的竞争可以用较少的努力达到有效率的协调，并指出协调失败的真正原因在于采用策略的不确定性③。Amil 采用博弈论的方法，针对合作组织协调和延迟问题提出了一种解决方法，从而可以达到一个帕累托均衡④。Hung-Pin 研究了技术推动和沟通拉动这两种力量提高产学研合作的效果，着重强调电子邮件在协调工作中的重要作用⑤。McChesney 研究了软件项目管理中的协调

---

① Semsar E. Multi-agent team cooperation: A game theory approach. *Automatica*, 2009, 45(10).

② Hossain L. Communications network centrality correlates to organizational coordination. *International Journal of Project Management*, 2009, 27(8).

③ Riechmann T. Competition as a coordination device: Experimental evidence from a minimum effort coordination game. *European Journal of Political Economy*, 2008, 24(2).

④ Amil D. Coordination and delay in global games. *Journal of Economic Theory*, 2007, 134(1).

⑤ Hung-Pin. Technology-push and communication-pull forces driving message-based coordination performance. *The Journal of Strategic Information Systems*, 2006, 15(2).

方式和沟通问题的关系，通过调查发现存在某些协调模式不适合有固定场所和每天有交流的软件项目管理①。Terwel研究了组织的动机和交流方式对组织之间的相互信任的影响，得出采用有效沟通方式是组织之间相互信任的重要手段的结论②。Oberg分析了网络组织中的垂直方向方面的沟通问题，指出具有网络特性的产学研合作之间沟通具有传统的官僚特征和传输通道特性③。类似的文章还有Souza研究了具有网络特征的自组织沟通方式④以及Dinsbach研究了不同种族人员之间的沟通内容。实证分析表明，沟通方式和工作内容、态度和工作满意度之间存在正相关关系⑤。

上述的研究成果集中在信息决策、产品创新和技术转移以及组织之间的沟通方式、内容和沟通失败的原因问题，但是没有考虑到以企业为主体的多种协调方式和协调效率以及在何种条件下采用何种协调方式，也没有考虑到产学研合作组织之间不同网络的互动情况以及演化过程中不同人员交流方式的协调均衡。

---

① McChesney I. Communication and co-ordination practices in software engineering projects. *Information and Software Technology*, 2004, 46(7).

② Terwel B. How organizational motives and communications affect public trust in organizations: The case of carbon dioxide capture and storage. *Journal of Environmental Psychology*, 2009, 29(2).

③ Oberg A. Hierarchical structures of communication in a network organization. *Scandinavian Journal of Management*, 2008, 24(3).

④ Souza J. Self-organization and self-management in communications as applied to autonomic networks. *Computer Communications*, 2008, 31(13).

⑤ Dinsbach A. The role of communication content in an ethnically diverse organization. *International Journal of Intercultural Relations*, 2007, 31(6).

（4）产学研合作中基于共性技术扩散与吸收的创新网络同步研究

企业的创新能力是国家创新能力的基础，但以企业的需求为出发点研究创新网络同步的文献很少。关于共性技术扩散、吸收和创新网络的相关研究归纳如下：

Mansfield 提出了基于模仿学习的模仿模型，指出技术创新扩散过程主要是一个模仿过程，模仿是一种主动的学习，当模仿中含有渐进性创新时，便是一种高层次的学习。此外，Mansfield 率先创造性地将“传染原理”运用于扩散研究中；威尔森用最大熵原理导出了技术空间扩散的一个理论模型。最大熵模型从另一个角度解释了等级扩散的发生条件，并认为技术的空间扩散是有条件的，并非每个区域都能够接收到创新技术的扩散，从而形成了技术扩散空间上的不连续分布①；Bass 提出了一种消费耐用品扩散模型，即基本 S 型扩散模型②；Fisher 和 Pry 提出了 Fisher-Pry 模型，这是一个内生变量扩散模型，他们认为技术替代是两种产品竞争的结果③；王伟强依据过程和步骤，将技术创新扩散模型分为理论模型、规范模型和实证模型三种④；徐玖平等依据宏观与微观将技术创新扩散模型分为速度模型和决

---

① 邹樵：《共性技术扩散机理与政府行为研究》，华中科技大学博士学位论文，2009 年。

② Bass F M. A New Product Growth Mode lfor Consumer Durables. *Management Science*，1969，15(5).

③ Fisher J C，Pry R H. A simple Substitution model of Technological change. *Technology Fore-casting Social*，*Change*，1971，3.

④ 王伟强：《技术创新扩散研究新思维》，《云南科技管理》，1994 年第 2 期。

策模型两大类①。速度模型称为总体或宏观分析模型，也称为S型系列模型，反映技术创新扩散速度的时间过程；决策模型称为个体或微观分析模型，反映潜在采用者采用行为的决策对策过程②。

McFarlan 等将 Nolan 的阶段模型与③ Schein 的组织学习与变革理论相结合，提出了技术吸收的4阶段模型，即技术识别与投资、学习和调适、合理化与管理控制以及组织技术扩散④；Meyer 等从组织决策行为入手研究组织的技术接受行为，认为组织对技术大的吸收过程由一系列的决策—选择过程组成，具体可分为3个阶段9个步骤⑤；Cooper 等认为技术吸收过程在本质上是一种变革过程，因此在基于 Meyer 等人提出来的组织变革三阶段模型（解冻—变革—再冻结）的基础上⑥，提出了企业—技术吸收的6阶段模型，即启动、采纳、调适、接受、惯例化与内化⑦；陈文波从知识的角度出发，认为技术的吸收和应用过程是一个组织学习和知识壁垒不断降低的过程，且组织对技术吸收的每一个阶段都有一定的知识存量要求，否则就会出现

---

① 徐玖平，廖志高：《技术创新扩散速度模型》，《管理学报》，2004年第3期。

② Rogers E. *Diffusion of innovations*. The Free Press，1995.

③ Nolan R L. Managing the crisis in data processing. *Harvard Business Review*，1979，57.

④ McFarlan F W，McKenney J L. The information aiehipelago-gaps and bridges. *Harvard Business Review*，1982，60(5).

⑤ Nolan R L. Managing the crisis in data processing. *Harvard Business Review*，1979，57.

⑥ Meyer A，Goes J B. Organizational assimilation of innovations：A multilevel contextual analysis. *Academy of Management Journal*，1988，31(4).

⑦ Cooper R，Zmud R W. Information technology implementation research：A technological diffusion approach. *Management Science*，1990，36(2).

技术吸收沟壑，影响技术的继续吸收。陈文波将技术的吸收过程分为6个阶段，即机会扫描、技术购买、技术部署、技术接受、惯例化和内化①；周素萍认为技术吸收与吸烟时毒素在体内吸收的过程和原理相似，并用香烟模型来模拟技术吸收过程，她还认为技术吸收过程是一个不断循环直到所有技术创新信息(除了损耗吸收障碍屏蔽的部分之外)都被吸收为止的过程②。

Freeman首次明确提出“创新网络”的概念，他认为“创新网络”是“在一个企业的互补资产和市场关系中，保持和互惠伙伴之间的一系列的连通性，其主要目标是降低静态和动态的不确定性”③；Imai等认为创新网络的本质特征是应对系统创新的一种基本的制度安排，是市场和组织之间内部渗透的一种形式④；Koschatzky从知识和学习的角度定义了创新网络，后者则把创新网络定义为一个相对松散的、非正式的、嵌入型的、重新整合的相互联系系统，这一系统有利于学习，尤其是有利于隐性知识的交流⑤；Jones在定义创新网络时强调了协同作用，认为创新网络是由不同

---

① 陈文波：《给予知识视角的组织复杂信息技术吸收研究》，复旦大学博士学位论文，2006年。

② 周素萍：《基于技术创新网络的技术创新扩散吸收模型研究》，《软科学》，2009年第10期。

③ Freeman C. Networks of innovators: A synthesis of research issues. *Research Policy*, 1991, 20(5).

④ Imai K, Baba Y. Systemic innovation and cross-border networks: Transcending markets and hierarchies to create a new techno-economic system. OECD, 1991.

⑤ 引自吴传荣：《高技术企业技术创新网络中知识转移研究》，湖南大学博士学位论文，2009年。

的创新参与者组成的合作群体，他们共同参与新产品的创意、开发、生产和销售过程，共同参与技术的开发与扩散，并通过相互间的交互作用建立技术与市场之间的各自联系①；吴贵生等提出企业创新网络是借由创新过程中涉及的企业之间以及个人之间的联系形成的网络。他认为由于创新的复杂性，企业不可能孤立地完成创新，而是不得不与其他组织联系起来，以交换和获得各种知识、信息及其他资源②；沈必扬和池仁勇等在Harris、Coles和Dickson定义的研究基础上，认为创新网络将一个创新参与主体间复杂的交互作用、交换和联系的创新过程模式进行了概念化，同时，由于创新网络中不同的创新参与者共同参与创新的相关活动，从而网络的整体创新能力大于个体创新能力之和，即创新网络的协同效应③。

上述的研究成果集中在模仿学习、技术扩散的空间和时间、技术吸收的几个阶段和创新网络的内涵、创新网络之间的相互联系上，但是没有考虑到技术扩散和吸收同步情况，尤其是在以企业为主体的产学研各主体之间创新网络同步条件下的情况。

(5) 产学研合作网络结构均衡性和有效性研究

在产学研合作中，合作网络拓扑结构的不同将影响产学研合作的稳定性和各主体收益数值的总和。在产学研合

---

① Jones T M. Instrumental stakeholder theory: a synthesis of ethics and economies. *Academy of Management Review*, 1995, 20.

② 吴贵生，李纪珍：《技术创新网络和技术外包》，《科研管理》，2000年第4期。

③ 沈必扬，池仁勇：《企业创新新网络：企业技术创新研究的一个新范式》，《科研管理》，2005年第3期。

作中，合作网络的均衡性和有效性以及两者之间的关系等问题一直是学者们的研究热点，Antoniadis 比较了同行网络经济上的动机，指出由于网络的外部性，每个个体按照自己的利益选择行动，导致了网络总体利益的有效性不足①；Bowles 等研究了伦理网络中的信任和排他的两难困境问题，用模型证明信任在排他性业务中有助于合作②。Burt 研究了社会资本的网络结构问题，通过对网络上样本数据的分析，指出网络结构对社会资本有明显的作用，并用一个统一的社会资本模型来解释结构洞的作用③。Charness 等采用博弈论的方法，研究了网络组织的形成，提出了强信任均衡概念并解释了实践中的案例④。Deroian 研究了直接传播网络中的内生连接的强度问题，分析了通过连接边分配资源的条件下传播网络的形成，得出轮轴网络结构在这种情况下是有效的和唯一的纳什均衡⑤。Epstein 分析了网络博弈中的拓扑结构问题，认为不是所有的网络拓扑结构在博弈中都是有效的；他通过分析信息对称和不对称的情况得到了两类有效的网络拓扑结构⑥。Georgiadis 研究

---

① Antoniadis P. Comparing economic incentives in peer-to-peer networks. *Computer Networks*，2004，46(1).

② Bowles S，Gintis H. Persistent parochialism：trust and exclusion in ethnic networks. *Journal of Economic Behavior & Organization*，2004，55(1).

③ Burt. The network structure of social capita. *Research in Organizational Behavior*，2000，22.

④ Charness G，Jackson M. Group play in games and the role of consent in network formation. *Journal of Economic Theory*，2007，136(1).

⑤ Deroian F. Endogenous link strength in directed communication networks. *Mathematical Social Sciences*，2009，57(1).

⑥ Epstein. Efficient graph topologies in network routing games. *Games and Economic Behavior*，2009，66(1).

了在没有明显需求变动条件下供应链网络的最优设计问题，考虑了多种产品、多种生产资源和多种分发中心供应链网络的设计，运用整数规划方法得到了最优解①。Goyal等研究了社会网络中的结构洞问题，指出在缺少联结约束下将会导致星状网络形成，而在有联结能力约束下产生闭环网络②。类似的还有Hadjikhani等研究了不同的产业关系以及不同类型的网络联结作用，通过统计数据验证信任和承诺在同质网络中是如何起作用的③。

上述研究成果集中在网络外部性、结构洞和轮轴网络结构以及供应链网络设计和不同网络之间的联结，但是没有考虑到网络中各节点主体的收益以及联结成本，尤其是没能对各种产学研合作的均衡性和有效性展开分析并比较二者之间应该满足的参数关系。

(6) 产学研合作中技术转移通道及政府管理对其影响的研究

"通道"概念源自"廊道"概念的提出以及"廊道模型"的构建④。"技术学习通道"作为一个专门的名词，是由苗长虹在构建学习型产业区理论分析框架时被首次提出来

---

① Georgiadis. Optimal design of supply chain networks under uncertain transient demand variations. Omega, 2011, 39(3).

② Goyal S, Vega-Redondo F. Structural holes in social networks. *Journal of Economic Theory*, 2007, 137(1).

③ Hadjikhani A, Thilenius P. Industrial relationships and the effects of different types of connections. Industrial Marketing Management, 2011, 38(6).

④ Levison M, Word F R, Webb J W. *The settlement of Polynesia: A computer simulation*. University of Minnesota Press, 1973.

的[①],在随后的研究中,苗长虹进一步指出,只有采取多尺度与不同尺度之间相互联结、相互作用的视角,通过"地方传言"与"跨区网络"及"全球通道"的交互作用,才能正确认识技术学习与创新的空间过程[②]。之后,很多学者对"技术转移通道"在理解上进行了深化和拓展,Dectera 等分析得出不同国家的大学和产业之间技术转移的动机、政策的一致性以及各高校对技术转移的辅助作用都不同的结论,并从不同的角度观察不同的通道如何影响技术转移[③]。Liu Xiaohui 等用实证证明了国际技术外溢的不同通道对中国高科技产业的创新性能的影响[④]。Spyros 等指出大学科研机构在技术转移通道中起到了重要作用[⑤]。Reinhilde 等指出跨国公司的国外子公司是其有效而重要的技术转移通道,跨国公司可以通过对子公司的良好控制而获得有益的技术信息[⑥]。Guo Bin 通过对 1996 年至 2001 年中国大中型生产企业产业层面的分析,探讨了在创新的性能和生产

---

① 苗长虹:《全球—地方联结与产业集群的技术学习——以河南许昌发制品产业为例》,《地理学报》,2006 年第 4 期。

② 苗长虹,魏也华:《技术学习与创新:经济地理学的视角》,《人文地理》,2007 年第 5 期。

③ Moira Dectera, Bennettb D, Leseurec M. University to business technology transfer-UK and USA comparisons. *Technovation*, 2007, 27.

④ Liu Xiaohui, Trevor Buck. Innovation performance and channels for international technology spillovers: Evidence from Chinese high-tech industries. *Research Policy*, 2007, 36.

⑤ Spyros Arvanitis, Ursina Kubli, MartinWoerter. University-industry knowledge and technology transfer in Switzerland: What university scientists think about co-operation with private enterprises. *Research Policy*, 2008, 37.

⑥ Reinhilde. Veugelers, Bruno. Cassiman. Foreign subsidiaries as a channel of international technology diffusion: Some direct firm level evidence from Belgium. *European Economic Review*, 2004, 48.

率方面的四个技术获取通道，这些通道包括内部研发、国外技术转移、国内技术转移和产业间的R&D溢出①。Pnina Shachaf指出文化的多样性在一定程度上影响着技术转移通道的顺畅②。

此外，部分学者还针对政府管理对技术转移及技术转移通道的影响作了深刻的研究。如，David King等通过对日本战斗机制造的案例，指出政府政策对成功的技术转移起到关键作用③。Sabrina等通过对瑞士三角洲计划的研究，指出三角洲计划中技术转移项目的成功运行与政府的积极支持是分不开的，还提出了环境知识技术转移受到人力和组织要素的影响④。Sridhara Murthi等强调了政府政策对技术转移的重要作用，并以印度的空间计划为例，指出印度空间计划中280多项成功的技术转移项目跟印度政府及相关部门的支持息息相关⑤。

上述研究成果集中对不同国家的大学和产业之间的技

---

① Guo Bin. Technology acquisition channels and industry performance: An industry-level analysis of Chinese large- and medium-size manufacturing enterprises. *Research Policy*, 2008, 37.

② Pnina Shachaf. Cultural diversity and information and communication technology impacts on global virtual teams: An exploratory study. *Information & Management*, 2008, 45.

③ David R King, Mark L Nowack. The impact of government policy on technology transfer: An aircraft industry case study. *Journal of Engineering and Technology Management*, 2003, 20.

④ Sabrina Dalla Palma, Karim Zein. The DELTA programme-An example of participative technology transfer approach in the south and east Mediterranean countries. *Journal of Cleaner Production*, 2004, 12.

⑤ Sridhara Murthi K R, Shoba T S. Technology transfer trends in Indian space programme. *Acta Astronautica*, 2010, 67.

术转移、技术转移通道的种类以及政府管理对军事项目上的技术转移以及通道进行案例分析，但是没有考虑到技术转移过程中，载体间的各种差异、技术转移通道的各种裂变和政府管理对这些裂变的影响。

1.3 研究框架

1.3.1 研究内容

在总结目前国内外产学研合作相关领域近年来研究成果的基础上，主要对产学研合作中不同人员的匹配和研究人员的报酬、研发组织中控制权和收益分配、产学研协调模式和协调均衡、产学研合作中共性技术扩散与吸收的创新网络同步、产学研合作网络结构均衡和有效性以及产学研合作中技术转移通道及政府管理对其的影响这 6 个产学研合作的重要方面展开分析。主要研究内容如下：

(1) 导论。论述本书的研究背景、研究意义、文献综述、研究整体思路、技术路线以及研究的主要内容和创新点。

(2) 产学研合作中人员匹配关系、报酬激励及风险的研究。首先基于演化博弈的方法，让各类人员选择进入某产业作为战略，并以其利润函数作为效用函数，展开对产学研人员匹配关系的分析；其次针对产学研协作过程中研究人员和企业工作之间关系的不同特点，运用委托代理理论分析研究人员的报酬激励和风险承担问题。

(3) 产学研合作的研发组织中控制权以及技术许可条件下收益分配比例系数研究。首先基于企业和高校院所的研究人员目标的不同，对三类产学研合作研发组织中的企业边际收益和研究人员的工作报酬等问题展开分析；其次运用博弈论的不完全信息中的信号博弈理论，构建了产学研合作中技术许可条件下收益分配比例系数的信号博弈模型，分析了收益分配比例系数的讨价还价过程以及在此过程中许可方和接受方讨价还价的影响因素。

(4) 产学研合作中基于企业主体地位的协调模式和合作组织之间交流方式协调均衡研究。首先基于随机信息的角度，构建了产学研主体总的收益函数，围绕该函数中的个别振荡与系统振荡以及协调参数与竞争参数对产学研中高校和研究所的信息决策的协调模式展开分析；其次采用博弈论的方法，在构造产学研合作博弈收益表的基础上，让不同产学研合作组织选择某种交流方式作为策略，并以收益函数为效用函数，对产学研合作组织不同的互动合作网络和不同的人员采取不同交流方式进行均衡分析。

(5) 产学研合作中基于共性技术扩散与吸收的创新网络同步研究。首先以 SIR 模型以及烟雾过滤模型为基础，构建共性技术扩散模型和共性技术吸收模型，由模型分析得出影响共性技术扩散和吸收的主要因素；其次分析创新网络结点共性技术扩散和吸收各主要因素的影响程度，进而促进和加快创新网络同步。

(6) 产学研合作网络结构均衡性和有效性研究。采用纳什均衡博弈和图论相结合的方法，构建图中的圆圈为各参与主体、图中的边为各主体选择和其他主体进行合作关系并以收益函数作为其效用函数，开展合作网络的均衡性和有效性分析。

(7) 产学研合作中技术转移通道及政府管理对其影响的研究。首先通过借鉴流体的物理特性来建立技术转移通道模型,得出通道中信息载体流流速(即通道顺畅问题)主要受到转移双方的技术悬殊、载体间的阻力、通道长度以及通道半径的影响;其次还阐述了技术转移通道的演变过程及政府影响技术转移通道的四种途径,指出政府在技术转移通道的顺畅问题上扮演着间接或直接的协调者、引导者和保护者的角色。

(8) 总结与展望。总结全书主要研究成果,展望需要进一步研究的问题。

1.3.2 研究方法及技术路线

(1) 研究方法

① 定性分析和定量研究相结合,实践与理论相结合。

根据研究内容,按照先定性后定量、从简单到复杂的研究顺序展开研究。首先采用定性分析的方法分析其一般规律和内在本质,然后在此基础上建立模型进行定量研究,由模型分析结果得出结论。

② 综合应用博弈论、信息论、动力系统理论等对影响产学研合作的 6 个关键方面进行分析。

(2) 技术路线

本书研究的技术路线如图 1-1 所示。

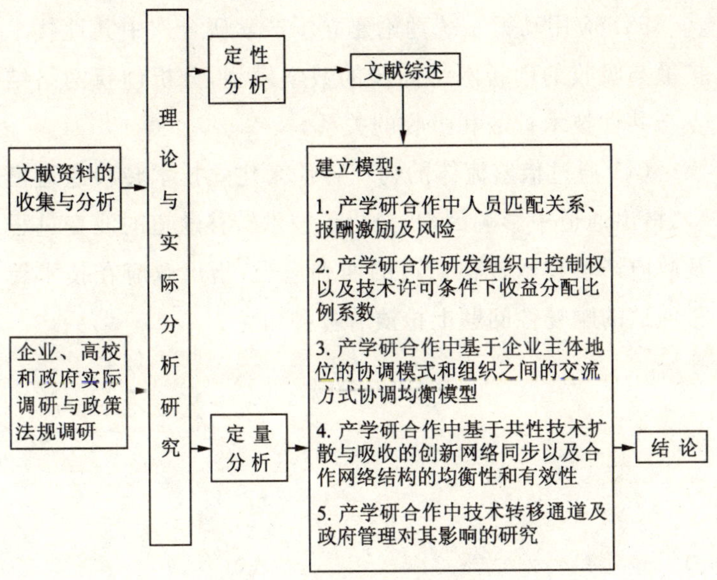

图 1-1 本书研究技术路线图

1.4 本书的创新点

本书的创新点主要有以下几点：

(1) 应用博弈论中的委托代理、讨价还价理论、信号博弈以及演化博弈和图论的方法，分别对研究人员的报酬激励及风险、产学研合作中研发组织的控制权和技术许可条件下收益分配比例系数的确定、产学研合作组织之间交流方式协调均衡以及产学研合作网络结构均衡和有效性等方面建立模型进行分析，提出相关的对策和建议。

(2) 结合概率论和经济学的效用理论，建立基于企业主体的产学研协调模式的数学模型，提出 6 种模式，并且分析比较这 6 种模式的适用条件和效率。

（3）应用动力系统理论建立了产学研合作中共性技术扩散与吸收的创新网络同步的数学模型，分析创新网络结点与共性技术扩散和吸收的关系。

（4）通过借鉴流体的物理特性来建立技术转移通道模型，得出通道中影响因素，分析了技术转移通道的演变过程及政府影响技术转移通道的四种途径，指出政府在技术转移通道的顺畅性问题上扮演着各种角色。

第 2 章　产学研合作中人员匹配关系、报酬激励及风险研究

2.1　产学研合作中人员匹配关系的模型

假定一个国家存在 A 和 B 两个产业，其中 A 代表传统产业，如制造业和建筑业；B 代表高新技术产业，如信息产业和新能源产业。在这样的假定下，对于 A 产业来说，具有相似企业经验的人员相遇时运营效率会更高，而拥有创新能力的研究人员相遇时效率不高而成本较高。进一步，如果企业人员和研究人员相遇（这是一种不匹配的情形），他们组织的产业的运营效率就比都是研究人员相遇的效率要低。相反，对于 B 产业来说，拥有创新能力的研究人员相遇时效率最高，其次是具有相似企业经验的人员相遇时效率属第二，企业人员和研究人员相遇时效率（不匹配）最低。根据以上的费用状况，对于 A 和 B 两个产业不同的人员相遇时所负担的成本，可以用表 2-1 和表 2-2 表示。

表 2-1　A 产业的不同人员的匹配成本表

类型	E	R
E	A_{EE}	A_{ER}
R	A_{RE}	A_{RR}

（其中 A_{ER} 表示在 A 产业中企业人员 E 和研究人员 R 相遇时的成本，其他类同）

表 2-2 B 产业的不同人员的匹配成本表

类型	E	R
E	B_{EE}	B_{ER}
R	B_{RE}	B_{RR}

（其中 B_{ER} 表示在 B 产业中企业人员 E 和研究人员 R 相遇时的成本，其他类同）

按照上面的说明，对于 A 产业和 B 产业来说，以下成本关系成立：$A_{EE}<A_{RR}<A_{ER}=A_{RE}$，$B_{RR}<B_{EE}<B_{ER}=B_{RE}$。假定在有两个产业的国家，对于这两种产品的支出比例是一定的。假设对于 A 产业的产品支出比例为 α_1，B 产业的产品的支出比例为 α_2，$\alpha_1+\alpha_2=1$。m_{ij} $(i=\mathrm{E,R})$ 表示人员 i 选择产业 j $(j=\mathrm{A,B})$，社会状态为 m_{EA}，m_{EB}，m_{RA}，m_{RB}；$m_{EA}+m_{RA}+m_{EB}+m_{RB}=1$。A 产业、B 产业的产量分别表示为

$$x_A=k_A(m_{EA}+m_{RA}) \tag{2-1}$$

$$x_B=k_B(m_{EB}+m_{RB}) \tag{2-2}$$

其中 k_A 代表为 A 传统产业生产效率系数，k_B 代表为 B 高新技术产业生产效率系数。根据微观经济学的知识，可知 A 产业、B 产业的产品价格和各种社会状态的效用函数：

$$p_A=\frac{\alpha_1}{k_A(m_{EA}+m_{RA})} \tag{2-3}$$

$$p_B=\frac{\alpha_2}{k_B(m_{EB}+m_{RB})} \tag{2-4}$$

$$u_{EA}=\frac{\alpha_1}{k_A(m_{EA}+m_{RA})}n_{EA}-\frac{m_{EA}A_{EE}+m_{RA}A_{ER}}{m_{EA}+m_{RA}} \tag{2-5}$$

$$u_{\mathrm{EB}}=\frac{\alpha_2}{k_{\mathrm{B}}(m_{\mathrm{EB}}+m_{\mathrm{RB}})}n_{\mathrm{EB}}-\frac{m_{\mathrm{EB}}B_{\mathrm{EE}}+m_{\mathrm{RB}}B_{\mathrm{ER}}}{m_{\mathrm{EB}}+m_{\mathrm{RB}}} \tag{2-6}$$

$$u_{\mathrm{RA}}=\frac{\alpha_1}{k_{\mathrm{A}}(m_{\mathrm{EA}}+m_{\mathrm{RA}})}(1-n_{\mathrm{EA}})-\frac{m_{\mathrm{EA}}A_{\mathrm{RE}}+m_{\mathrm{RA}}A_{\mathrm{RR}}}{m_{\mathrm{EA}}+m_{\mathrm{RA}}} \tag{2-7}$$

$$u_{\mathrm{RB}}=\frac{\alpha_2}{k_{\mathrm{B}}(m_{\mathrm{EB}}+m_{\mathrm{RB}})}(1-n_{\mathrm{EB}})-\frac{m_{\mathrm{EB}}B_{\mathrm{RE}}+m_{\mathrm{RB}}B_{\mathrm{RR}}}{m_{\mathrm{EB}}+m_{\mathrm{RB}}} \tag{2-8}$$

其中 n_{EA} 为 E 代表企业人员在 A 产业的收入分配比例，n_{EB} 为 E 代表企业人员在 B 产业的收入分配比例。

2.2 不同人员的组合社会状态均衡点的分析和计算

社会状态的均衡点是指任何一种类型的人口比例也不随时间变化的状态，即对 $i\in\{\mathrm{E,R}\}$，$j\in\{\mathrm{A,B}\}$，使 $\frac{\mathrm{d}m_{ij}}{\mathrm{d}t}=0$ 成立的社会状态 $m^*=(m_{\mathrm{EA}}^*,m_{\mathrm{RA}}^*,m_{\mathrm{EB}}^*,m_{\mathrm{RB}}^*)$。

定理 2.1　在一个国家里存在两个产业 A 和 B 并且必须同时进行生产时，即仅从事一个产业的人口不会等于 1，A 产业与 B 产业各自存在合适人员 s_1 与 s_2，在均衡点处有 $u_{s_1\mathrm{A}}^*=u_{s_2\mathrm{B}}^*$ 成立；而且对于 A 产业的其他人员 s，当 $u_{s_1\mathrm{A}}^*\geqslant u_{s\mathrm{A}}$ 不等式严格成立时，$m_{s\mathrm{A}}=0$，反之对于 B 产业的其他人员 s，也同样成立。

证明　假设在一个国家里存在两个产业 A 和 B 且必须同时进行生产时，在均衡点处等式 $u_{s_1\mathrm{A}}^*=u_{s_2\mathrm{B}}^*$ 不成立。等式 $u_{s_1\mathrm{A}}^*=u_{s_2\mathrm{B}}^*$ 不成立相当于必须满足 $u_{s_1\mathrm{A}}^*>u_{s_2\mathrm{B}}^*$ 或者 $u_{s_2\mathrm{B}}^*>u_{s_1\mathrm{A}}^*$。

当$u^*_{s_1A}>u^*_{s_2B}$时，s_1 人员会选择 A 产业，没有人员会选择 B 产业，这与假设 A 和 B 两个产业同时生产相矛盾；当$u^*_{s_2B}>u^*_{s_1A}$时，s_2 人员会选择 B 产业，没有人员会选择 A 产业，这与假设 A 和 B 两个产业同时生产相矛盾，所以定理 2.1 成立。

2.2.1 均衡点分析

根据定理 2.1，可以得到 9 个均衡点。根据动态经济学的理论，把均衡点分为稳定均衡点（即经过微小的扰动，一段时间后恢复到这个点）和不稳定均衡点（即经过微小的扰动，一段时间后离开这个点）。在这 9 个均衡点中，有 4 个稳定均衡点和 5 个不稳定均衡点。

4 个稳定均衡点如下：

P 均衡，$u_{EA}=u_{RB}>u_{EB}$，u_{RA}成立，全部企业人员选择 A 产业，全部研究人员选择 B 产业。根据表 2-1 和表 2-2 可以看出，每个产业都进行了比较优势的组合，这是帕累托均衡点。

N 均衡，$u_{RA}=u_{RB}>u_{EA}$，u_{EB}成立，研究人员全部选择 A 和 B 产业。根据表 2-1 和表 2-2 可以看出，B 产业高效率运作，A 产业低效率运作。

Q 均衡，$u_{EA}=u_{EB}>u_{RA}$，u_{RB}成立，企业人员全部选择 A 和 B 产业。根据表 2-1 和表 2-2 可以看出，A 产业高效率运作，B 产业低效率运作。

T 均衡，$u_{EB}=u_{RA}>u_{RB}$，u_{EA}成立，企业人员选择 B 产业，研究人员选择 A 产业。根据表 2-1 和表 2-2 可以看出，A 产业低效率运作，B 产业低效率运作。

5 个不稳定均衡点如下：

PN 均衡，$u_{EA}=u_{RA}=u_{RB}>u_{EB}$成立，只是在 B 产业聚

集了研究人员，组织在高效率运作；A 产业则是企业人员和研究人员混合，只要少数研究人员改变选择战略，就会远离此均衡点，所以此均衡点是不稳定的。

PQ 均衡，$u_{EA}=u_{EB}=u_{RB}>u_{RA}$成立，只是在 A 产业聚集了企业人员，组织在高效率运作；B 产业则是企业人员和研究人员混合，只要少数企业人员改变选择战略，就会远离此均衡点，所以此均衡点是不稳定的。

NT 均衡，$u_{RA}=u_{EB}=u_{RB}>u_{EA}$成立，只是在 A 产业聚集了研究人员，组织在低效率运作；B 产业则是企业人员和研究人员混合，只要少数企业人员改变选择战略，就会远离此均衡点，所以此均衡点是不稳定的。

QT 均衡，$u_{RA}=u_{EA}=u_{EB}>u_{RB}$成立，只是在 B 产业聚集了企业人员，组织在低效率运作；A 产业则是企业人员和研究人员混合，只要少数企业人员改变选择战略，就会远离此均衡点，所以此均衡点是不稳定的。

XY 均衡，$u_{RA}=u_{EA}=u_{EB}=u_{RB}$成立，所有的选择在这个均衡点都是无差异的，每个产业都存在不匹配组合的可能性，是最差的均衡点；另外，只要少数企业人员和研究人员改变选择战略，就会远离此均衡点，所以此均衡点是不稳定的。

2.2.2　均衡点的数值计算

假定效用函数中的参数 $\alpha_1=0.7$，$\alpha_2=0.3$，$k_A=2$，$k_B=4$，$A_{EE}=B_{RR}=0.3$，$A_{ER}=A_{RE}=B_{ER}=B_{RE}=0.5$，$n_{EA}=n_{EB}=\frac{1}{2}$，根据 9 个均衡点的等式关系可以得到这些点的社会状态和效用函数，具体如表 2-3 所示。

表 2-3　均衡点的社会状态和效用函数计算数值

均衡点	m_{EA}	m_{EB}	m_{RA}	m_{RB}	u_{EA}	u_{EB}	u_{RA}	u_{RB}
P	0.823 6	0	0	0.176 4	0.125 0	−0.287 4	−0.287 5	0.125 0
N	0	0	0.731 0	0.269 0	−0.260 6	−0.360 5	−0.160 6	−0.160 6
Q	0.875 0	0.125 0	0	0	−0.10	−0.10	−0.30	−0.20
T	0	0.176 5	0.823 5	0	−0.287 5	−0.187 5	−0.287 5	−0.187 5
PN	0.229 7	0	0.459 4	0.310 9	−0.179 4	−0.379 4	−0.179 4	−0.179 4
PQ	0.886 6	0.075 6	0	0.037 8	−0.102 6	−0.102 6	−0.202 6	−0.202 6
NT	0	0.103 8	0.844 3	0.051 9	−0.292 7	−0.192 7	−0.292 7	−0.192 7
QT	0.266 1	0.201 7	0.532 2	0	−0.214 1	−0.214 1	−0.214 1	−0.314 1
XY	0.291 7	0.125	0.583 3	0.062 5	−0.233 3	−0.233 3	−0.233 3	−0.233 3

用向量(x,y,z)表示$(m_{EA},m_{EB},m_{RA}+m_{RB})$，用图 2-1 中高度为 1 的正三角形表示。在图中的三角形中取一点，从此点向边作垂线 x，y 和 z，可以证明 $x+y+z=1$。

表 2-3 中均衡点的数值及转移轨道，可以用图 2-2 表示。

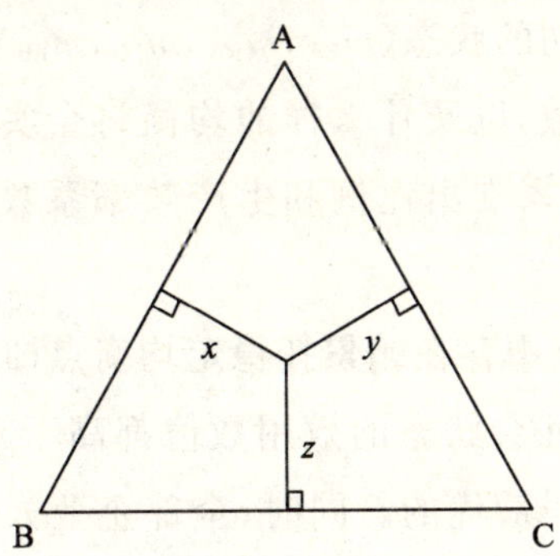

图 2-1　高度为 1 的正三角形

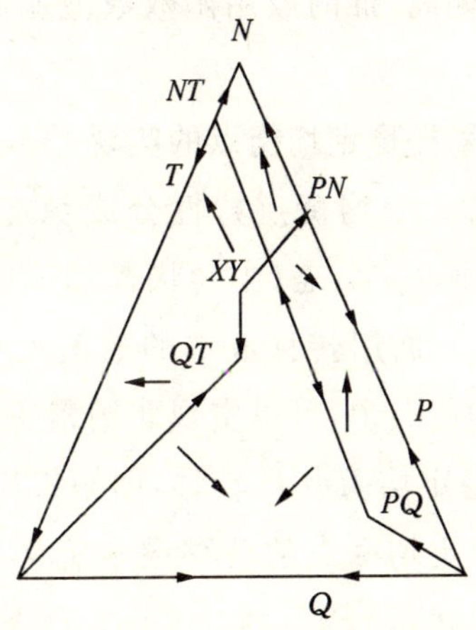

图 2-2　均衡点的数值及转移轨道

根据表 2-3 和图 2-2，可以得到下面的结果：

(1) 对于每一个产业，N，Q 均衡时，不论哪一个产业都是同类人员选择的结果，因为这两种均衡的各个社会状态的效用数值都低于 P 均衡，所以这样的均衡不是帕累托均衡，但是一旦达到却是稳定的。这是由于每类人员都进行同样的选择，如果只有自己的选择不同就会带来行动的不吻合而使成本上升，但与他人采取同一行动，预期得分则会升高。另外最初的状态(m_{EA},m_{RA},m_{EB},m_{RB})会决定稳定的均衡向何处收敛，以及什么样的均衡将会实现具有历史依存性、依赖于收入支出比例和生产效率系数以及分配比例等各种参数。

(2) 均衡点中存在帕累托稳定均衡点即 P 均衡。因为 P 均衡的各个社会状态的效用数值都高于其他均衡，所以 P 均衡是帕累托最优的。同时，全部企业人员选择进入 A 产业，全部研究人员选择进入 B 产业，没有任何一类人员有偏离的动机，谁偏离，谁的效用函数数值就低，所以 P 均衡是稳定的。

2.2.3 帕累托稳定均衡点的实现

根据上述的 9 个均衡点特性分成稳定状态的均衡点(P,N,Q,T)和不稳定状态(中间状态)的均衡点(PN,PQ,NT,QT,XY)。下面用转移成本的数值大小证明，在这四个稳定状态的均衡点中，可以实现非帕累托稳定均衡点 N,Q,T 向帕累托稳定均衡点 P 转移，即帕累托稳定均衡点是可以实现的。稳定均衡点的转移成本定义如下：从某稳定状态点经过中间状态(PN,PQ,NT,QT,XY)向另一个稳定状态点的最大程度的突然变异，即某稳定点社会状态分量数值减去中间点的社会状态分量数值，取绝对值的最大值作为转移成本数值。根据表 2-3 的数据，通过计算可以得到如下稳定均衡点之间的转移成本(图 2-3)。

通过图 2-3 可以看出,P 均衡点与其他均衡点的转移成本关系中,从 P 均衡点向其他均衡点的转移成本比其他均衡点向 P 均衡点的转移成本高。这说明,人们在很长的时间内如果发生突然变异,可以证明从长时间看 P 均衡是容易实现的。

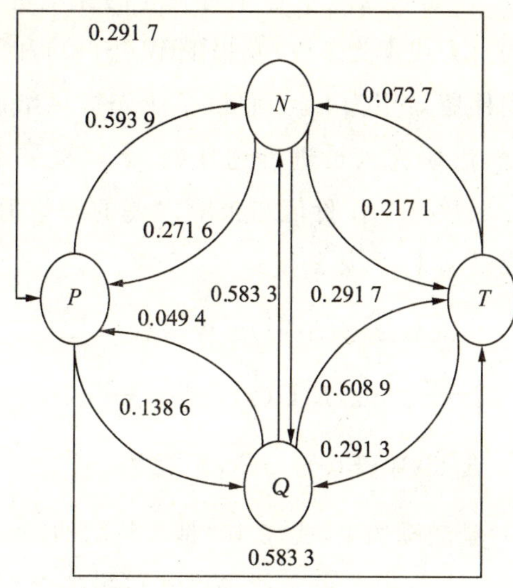

图 2-3　稳定均衡点之间的转移成本

2.3　产学研合作中的研究人员报酬激励及风险研究

针对产学研合作过程中研究人员和企业工作之间关系的不同特点,根据研究人员努力所产生的信号,本书构造了不同工作情况下的线性报酬合同,并用方差度量所产生的风险。此外,还运用委托代理理论,论证了研究人员的报酬激励中的信息不对称和“搭便车”情况。

2.3.1 基于单项工作的研究人员报酬激励及风险

研究人员的努力(e)、信号(signal)、工作的价值(V)依存于研究人员的努力 e 和无法观察到的概率干扰。企业虽然无法对研究人员的努力水准进行监控,但可以监控信号(如设计水平、方案和专利等)。企业对研究人员的工作价值为 $V(S(e))$(如收入)、不合作时企业的保留价值为 V_0,研究人员的努力成本为 $C(e)$ 及报酬 $W(S(e))$ 和不合作时研究人员的保留效用为 U_0。假设企业先提供给研究人员报酬合同,然后研究人员进行选择(要么接受要么放弃)。企业的目标函数是工作价值与报酬之差的期望值最大化,可以描述成模型Ⅰ,具体如下:

$$\max_{W(\cdot)} E[V(S(\hat{e}))-W(S(\hat{e}))]$$

$$\begin{cases} \hat{e}=\arg\max E[U(W(S(e))-C(e))] & (2\text{-}9) \\ E[U(W(S(e))-C(e))]\geqslant U_0 & (2\text{-}10) \end{cases}$$

其中式(2-9)是激励约束,式(2-10)是参与制约。

假设研究人员先要求企业提供支付报酬合同,企业后进行选择(要么接受要么放弃)。研究人员的目标函数是报酬与努力之差的期望值最大化,可以描述成模型Ⅱ,具体如下:

$$\max_{e} E[U(\hat{W}(S(e))-C(e))]$$

$$\begin{cases} \hat{W}=\arg\max E[V(S(e))-W(S(e))] & (2\text{-}11) \\ E[V(S(e))-W(S(e))]\geqslant V_0 & (2\text{-}12) \end{cases}$$

其中式(2-11)是激励约束，式(2-12)是参与制约。

(1) 完全信息情况下的报酬合同与激励

如果信号中没有误差，那么监测信号表示为 $S(e)=le$，价值为 $V(S(e))=kS(e)$ 和报酬合同 $W(S(e))=a+bS(e)$。根据上述模型Ⅰ，可以得到所实现的研究人员最佳努力水准以及促使研究人员努力的报酬合同，如图 2-4 所示。

对企业来说最佳的努力标准及其对应的报酬，如图 2-4 所示。从参与制约看，努力水准和报酬组合至少有必要给予研究人员 U_0 的效用。这种情况下，使无差别曲线 U_0 与 $W=a+ble$ 相切的点 (e^*, W^*)，即努力的边际贡献率与研究人员的边际效用相等，则企业的利润 $V(S(e))-W(S(e))=kS(e)-a-bS(e)=kle-a-ble$ 达到最大值。

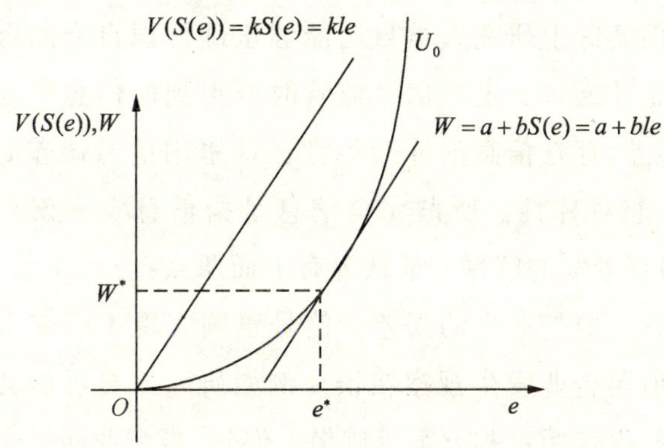

图 2-4　企业要求的最佳努力标准及对应的报酬

如果信号中没有误差，那么监测信号表示为 $S(e)=le$，$U(W(S(e))-C(e))=a+ble-C(e)$ 和报酬合同 $W(S(e))=a+bS(e)$ 的情况下，根据上述模型Ⅱ，可以得到所实现的研究人员的最佳努力水准以及促使研究人员努力的报酬合同，如图 2-5 所示。

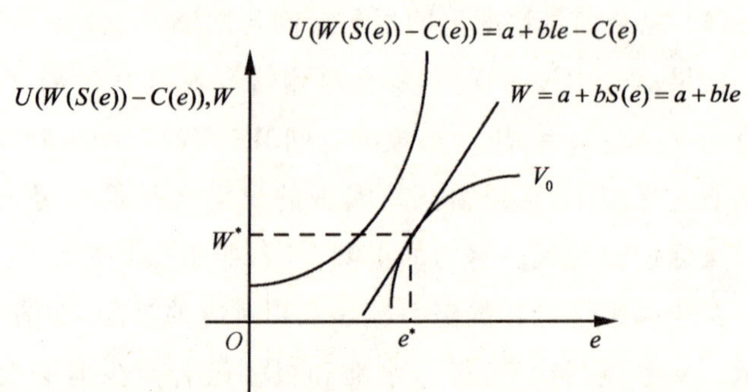

图 2-5　研究人员要求的最佳努力标准及对应的报酬

(2) 信息不对称情况下的报酬激励与风险

① 信息不对称的产生原因

模型Ⅰ和Ⅱ分析了企业能够正确监控研究人员信号的情况，但实际上研究人员自己能够正确认识自身的努力水准，而企业通过一定的信号监管时所得到的信息中经常包含着误差，存在信息的非对称性。这里用信号误差 ε 表示信息的非对称性。所谓完全信息是指信息没有误差（$\varepsilon=0$）。对误差 ε 的解释一般认为有下面两点：

第一，监控产出的误差。信号正确表现了研究人员的效率，但是企业发生观察错误。例如研究人员可能会有多种专利、设计图纸和方案等成果。但是，当企业通过实现部分专利来判断研究人员的努力水准时，可能出现观察误差。

第二，外部因素对信号的干扰。企业可以正确监控信号，但是信号受努力水准以外因素的影响。例如，企业仅仅根据设计方案判断研究人员的努力水平，但是设计方案的好坏有时与国家的政策直接相关，而企业并不清楚政策的影响程度等。

由于上述误差的存在，报酬合同 $W(S(e))=a+bS(e)=a+bl(e+\varepsilon)$ 会产生变动，研究人员实际进行的努力为 e^*，但由于存在误差，企业在只得到 $l(e^*-\delta)$ 信号情况下，支付的报酬将是 $W^*-bl\delta$；而在得到 $l(e^*+\delta)$ 信号情况下，支付的报酬将是 $W^*+bl\delta$。

② 信息不对称下的风险分担和激励选择

如果考虑风险承担，当事人对风险的态度就成了问题的焦点。这里所分析的是企业和研究人员之间的经济主体合同，通常可以认为研究人员比企业更讨厌报酬的变动，他们相对难以承担风险。因此，在研究人员属于风险规避型、企业属于风险中性的条件下，来分析两者之间的风险分担问题。对于实行浮动报酬的研究人员，设计方案的好坏直接与研究人员的报酬变动挂钩，在各以 1/2 概率获得 $W^*-bl\delta$ 和 $W^*+bl\delta$ 以及支付 W^* 的情况下，风险规避的研究人员更倾向于后者。另一方面，对风险中性的企业来讲，不论是 1/2 的概率支付 $W^*-bl\delta$ 和 1/2 的概率支付 $W^*+bl\delta$，还是支付规定的 W^*，两者之间是没有差别的。这种情况下如果废除浮动报酬而实行固定报酬，企业可以不降低研究人员效用的条件下抑制报酬支付，作为两方面来讲都是有效率的。因此，从风险分担的观点出发，更期望企业承担风险。在企业承担风险的情况下只需将相对于信号的报酬反应度降低，减少信号误差对报酬部分影响 $bl\delta$，实际上一旦降低 b，将影响对研究人员的激励作用，其努力水准也将下降。对报酬反应速度变化作一个分析：如果提高反应度 b，一方面，研究人员的努力水准会上升（$e'(b)>0$），作为企业可以得到因激励增加而带来的利益；另一方面，由于信号误差的存在，研究人员的风险负担将会增加，也就是说一旦调整反应度 b，激励和风险分担将会出现反向作用，两者之间存在此消彼长的关系。企业的最佳反应度 bl 是由 b 效果的大小程度和努力与信号的关系 l 共同确定的，具体如下：

(1) 信号误差的大小：信号误差越大，为了减少研究人员风险负担，最佳反应度 bl 会减少；

(2) 研究人员的风险规避程度：研究人员的风险规避度愈大，抑制研究人员风险承担的 bl 将变小；

(3) 努力程度的递增程度 C'' 的大小：在努力的边际成本随着努力水准的提高而急剧上升的时候(即图 2-4 中的无差别曲线弯曲程度越大)，即使降低 bl，努力水准也基本上不会下降。仍然以研究人员为例，研究人员的风险规避度愈大，对于研究人员来说，就更希望实行固定报酬。

(4) 努力与信号的关系 l 的大小：努力对信号产生的效果越大，报酬反应度也越大。例如研究人员稍加努力便可以提高企业原有的技术经济效果，报酬反应度也就越大；研究人员要付出很大努力才可以提高企业革新技术的经济效果，报酬反应度也就越低。

2.3.2 基于多项工作和多名研究人员的报酬激励及风险

但对实际的产学研组织而言，在企业中存在多名研究人员的时候，必须考虑研究人员之间的关系，或者一名研究人员从事多项工作的时候也必须注意合理报酬激励及风险承担。

(1) 具有竞争性多名研究人员而工作报酬相同的激励及风险

在与若干研究人员签订报酬合同的情况下，存在影响若干研究人员效率的景气变动等外部因素(政策和国际因素)的概率振荡。如果不能将这些因素与研究人员的努力水准等内部因素区别开来，就有可能使研究人员的信号产生更大振荡。通过比较多名研究人员相同工作的业绩，就可以剔除信号的外部因素影响。具有竞争性的多名研究人员的报酬设计方法如下：

现在把上海事业部(研究人员 M)的工作称为工作 m，北京事业部(研究人员 N)的工作称为工作 n。信号受到两者共有的宏观振荡 γ 和各自的微观振荡 ε_m，ε_n 两方面的影响，各自的信号与努力水准 e^m，e^n 的关系分别用 $S^m=le+\varepsilon_m+\gamma$，$S^n=le+\varepsilon_n+\gamma$ 来表示，其中 S^m 和 S^n 是各事业部的工作业绩。假定微观振荡 ε_1 和 ε_2 表示设备故障，两者不存在相关关系。宏观振荡表示由于景气变动等影响两个研究人员行为的外部因素所产生的误差。当 γ 比 ε_m 及 ε_n 变动幅度大的时候，使各研究人员的报酬不能仅仅取决于各自的信号。在这种情况下，研究人员的报酬合同将设计为式(2-12)：

$$W^m=a+b_mS^m(e^m)-b_nS^n(e^n)(b_m,b_n>0) \quad (2\text{-}12)$$

在这种情况下，报酬会因研究人员的业绩而有所提高。从这个意义上来说，可以形成研究人员之间的竞争关系。如果采取上述单项工作的报酬合同和采取式(2-12)的方法，两名研究人员承担的风险也不同，具体分析如下：

单项工作研究人员 M 的报酬 $w^m=a+bS^m(e^m)=a+b(le^m+\varepsilon_m+\gamma)$，可以得出报酬的方差 $\sigma^2_{w^m}=b^2(\sigma^2_{\varepsilon_m}+\sigma^2_\gamma)$；而

式(2-12)的方差为$\sigma^2_{W^m}=b^2_m\sigma^2_{\varepsilon_m}+b^2_n\sigma^2_{\varepsilon_n}+(b_m-b_n)^2\sigma^2_\gamma$。令$b_m=b,\sigma^2_\gamma\gg\sigma^2_{\varepsilon_m},\sigma^2_{\varepsilon_n}$时可得

$$\begin{aligned}\sigma^2_{w^m}-\sigma^2_{W^m}&=2bb_n\sigma^2_\gamma-b^2_n(\sigma^2_{\varepsilon_n}+\sigma^2_\gamma)\approx 2bb_n\sigma^2_\gamma-b^2_n\sigma^2_\gamma\\&=b_n(2b-b_n)\sigma^2_\gamma>0\end{aligned}\tag{2-13}$$

因此当$2b>b_n$时，$\sigma^2_{w^m}>\sigma^2_{W^m}$说明根据式(2-12)设计的报酬，由研究人员承担的风险比较低；而当$2b<b_n$时，$\sigma^2_{w^m}<\sigma^2_{W^m}$说明根据式(2-12)设计的报酬，由研究人员承担的风险比较大。

(2) 具有帮助性多名研究人员团队工作的报酬激励及风险

假设企业委托两名研究人员 m 和 n 从事两种工作 1 和 2。考虑到研究人员相互帮助的可能性，设 m 在工作 1 中的努力水准为e^m_1(大于 0)，n 在工作 2 中的努力水准为e^n_2(大于 0)；m 在帮助工作 2 中的努力水准为e^m_2(大于 0)，n 在帮助工作 1 中的努力水准为e^n_1(大于 0)。这样的两名研究人员的e^m_2，e^n_1构成帮助。研究人员 m 的成本是$C^m(e^m_1,e^m_2)$，n 的成本是$C^n(e^n_1,e^n_2)$；工作价值信号分别是$S_1(e^m_1,e^n_1)$和$S_2(e^n_1,e^n_2)$。企业能够监控$S_1(e^m_1,e^n_1)$和$S_2(e^n_1,e^n_2)$，但无法区分一种信号是哪个研究人员努力的结果。因此以个别信号为依据而制定的个人报酬合同是不合适的。帮助对于组织来说是有益的，原因是工作的互补性。工作的互补性根据产出和投入分为两种：

① 生产技术上的互补性。生产技术上的互补性指对于某项工作，如果提高 n 的努力水准，则 m 的效率会提升。用信号可以表示为：$S_1(e^m_1+\Delta e,e^n_1+\Delta e)-S_1(e^m_1,e^n_1+\Delta e)>$

$S_1(e_1^m+\Delta e, e_1^n)-S_1(e_1^m, e_1^n)$。

② 从事工作之研究人员的努力成本的互补性。努力成本的互补性是指 1 名研究人员从事两项以上工作时，一旦投入某项工作的努力有所增加，则其他工作的效率就会降低。对研究人员 m 来说，这种关系可以表示为：$C^m(e_1^m+\Delta e, e_2^m+\Delta e)-C^m(e_1^m, e_2^m+\Delta e)<C^m(e_1^m+\Delta e, e_2^m)-C^m(e_1^m, e_2^m)$。

总之两项研究人员相互帮助，就会提高工作效率。为了强化研究人员帮助的激励作用，可以设计得报酬合同：

$$W^m=a+b_1^m S_1(e_1^m, e_1^n)+b_2 S_2(e_2^m, e_2^n) \tag{2-14}$$

但是如果利用式(2-14)报酬给予单项工作同样的激励，将会产生风险承担问题。因此，一方面在每一个单独信号的监测成本不大的条件下，把工作分配到个人更为有利。另一方面，如果可以分别监控到多名研究人员所从事的工作，就有可能对各自的业绩进行比较。对报酬合同式(2-12)和式(2-14)进行比较：报酬合同式(2-12)为了削弱宏观振荡的影响，如果研究人员 n 的信号良好，则有必要降低 m 的报酬；但报酬合同式(2-14)为了促进帮助，在研究人员 n 信号良好时，则有必要提高研究人员 m 的报酬。从这个意义上说，帮助直接关系到研究人员之间的协调，而业绩的相对比较则导致竞争关系。两者无法同时利用，属于两者择其一的关系。另外这种报酬合同会产生搭便车现象，即利用个人报酬和风险负担之关系较弱的特点，试图通过加重他人负担以减轻自身负担的现象。

(3) 一名研究人员从事多项工作的报酬激励及风险

对应于一名研究人员存在多项工作(工作 1 和 2)场合

的激励方式及其风险进行分析。为此,使报酬取决于两项工作的信号(效率)。如果设工作 1 的努力水准为 e_1,其信号是 $S_1=l_1e_1+\varepsilon_1$,设工作 2 的努力水准为 e_2,其信号是 $S_2=l_2e_2+\varepsilon_2$,则依存于两个信号的报酬合同可以用下式表示:

$$W=a+b_1S_1(e_1)-b_2S_2(e_2)(b_1,b_2>0) \qquad (2\text{-}15)$$

如果给予式(2-15)的报酬合同和单项工作报酬合同(即$W(S(e))=a+bS(e)$)激励相同($b_1=b_2=b$),并且信号 S_1 和 S_2 的变动相互独立,则报酬方差的数值变大。因此存在多项工作的时候,如果给定对各项工作的信号反应有较强的激励作用,就会使研究人员承担较大的风险。因此在这种情况下希望降低 b_1,b_2。另外,某个研究人员从事两项工作(如一项工作是设计图纸,另一项工作是服务),但只有其中一项(如设计)的信号是可以观察到的时候,无法制定依存于两个信号的报酬合同。例如,企业的研发任务中不仅希望研究人员做好设计(工作 1),而且希望研究人员为他人提供服务(工作 2)。因为企业无法观察到所提供的服务是好还是不好,报酬还是仅仅取决于设计($b_1>0$),而与服务无关($b_2=0$),即研究人员获得报酬 $W=a+b_1S_1(e_1)$。如果一旦提高对设计的反应度 b_1,研究人员就会提供更多图纸,而并不向他人提供服务。因此,为了防止这种现象,极有必要降低报酬反应度 b_1。在实际工作中,大型企业拥有很多高校和研究所人员,比较重视研究人员的这种服务,因此实行固定报酬的比例较高,对设计的反应度也较低。报酬合同式(2-15)与报酬合同式(2-12)相似，但报酬合同式（2-12）表示信号受自身以外努力的影响。

2.3.3　研究人员的其他激励方式及风险

上面讨论了产学研合作中企业给予一次性研究人员的报酬激励方式。但是产学研中报酬合同中也必须考虑企业和研究人员的长期合作关系，研究人员的报酬除了与一定期间内业绩短期性努力有关的指标外，还取决于在产学研长期合作中形成的合作地位上升和股利分红等长期激励的方式。利用长期激励方式可以减少短期报酬激励合同中的信号误差及缓和研究人员之间恶性竞争，具体如下：

（1）以信号为基础的短期报酬合同总是由于信息的不完全性而产生问题。以研究人员在产学研合作中的地位上升为基础的长期报酬合同则有助于减少观察误差。在地位上升决定长期报酬的情况下，由于企业对许多信号进行监控，从中得到综合性判断来决定该研究人员在企业中的地位，所以能够抑制观察误差，从而降低研究人员遇到的报酬风险。通过长期观察，企业可以掌握研究人员的能力、适应性和努力成本等情况。但是即使在没有掌握上述信息的情况下，企业通过让研究人员选择股利分红等方式，也可以对研究人员的努力进行鉴别。

（2）在长期合作关系中，对研究人员报酬产生影响的主要是地位高低和股利分红，其中股利与研究人员的努力、个人业绩没有什么依存关系，所以很少能发挥激励功能。而取决于相对比较的地位上升可以在同期人员中产生竞争的激励作用，同时也能抑制宏观振荡引发的报酬变动风险。作为由业绩相对比较而形成的报酬合同存在淘汰赛。在淘汰赛中取胜可以拿到额外报酬，从而使报酬可以间或性地增加，并产生与上述线性报酬体系相比更强的激励。实际上在很多企业已经形成了研究人员在企业中合作地位提升的竞赛体系。

中国的大企业重视研究人员之间协调的特点，但大企业并不是仅仅对负有共同责任的团体信号进行监测，也在核实个人业绩方面倾注力量。共同责任制会产生大锅饭问题，企业通过监测每一个研究人员，发现不努力者就取消合作，以此来努力防止这种情况。但是考虑到信号的不完全性或成本因素，企业直接进行监测是比较困难的。即使雇用了专职监测人员，也难以核实这些专职监测人员是否公正地履行职责。如果监管人员与特定的研究人员相互串通，监管便失去了公正性，不公正的审查会使研究人员的激励产生扭曲。因此企业通过把研究人员相互监控、合作部门监测和同行监控等方法结合在一起，从而使监控更好地发挥作用。

(3) 如果因研究人员相互竞赛所产生的合作地位上升而给予研究人员相应的报酬，研究人员之间强烈竞争的激励就会发生作用，这样可以防止搭便车问题，但同时也可能损害研究人员之间的协调关系。研究人员所产生的竞争激励主要在研究人员同期之间发挥作用，所以企业具有不向同一工作现场配置同期研究人员的特点。另外，在竞赛制下把失败的研究人员改派去做其他工作可以缓和竞争，也可以通过延迟研究人员合作地位上升的时间防止恶性竞争。

(4) 在企业研发设计和技术改造等部门，需要通过研究人员之间的相互帮助才可以提高业绩。因此企业通过将整体的业绩(信号的累计)和单个研究人员的业绩评价相结合,从而实现对激励作用的调控。

2.4　本章小结

首先,不同种类的产业需要的人员种类也会有所不同,通过引入两大类产业的不同人员组合成本、产业的产量,考虑每类产业的支出,计算出产品的价格和效用函数,得到了两大类产业和两类不同人员组合都存在社会状态的定理。根据定理,得到了 9 个均衡点,并对这些均衡点展开分析,说明其中 4 个点是稳定的(1 个是帕累托均衡点),5 个不稳定;同时在给定的参数值的基础上,计算出这 9 个点的人员组合的各种社会状态值和效用函数值。通过引入稳定点的转移成本的概念,计算出各个稳定点之间的转移成本大小,证明了帕累托均衡点是可以实现的。

其次,结合合作过程中企业研究人员和工作之间关系的不同特点,从线性报酬激励和风险的角度,运用博弈论中的委托代理理论,研究了研究人员短期和长期的报酬激励方式和风险承担问题,最终得到以下结论:(1) 在完全信息下的单项工作中,企业给予研究人员的报酬大小取决于企业和研究人员的行动次序,先行动者占优;在不完全信息下企业给予研究人员的报酬激励大小取决于研究人员努力所产生的信号大小、风险厌恶程度和监控信号误差大小。(2) 在多名研究人员从事的竞争性的工作中,企业可以通过采取竞赛的方式提高研究人员的激励作用,同时在一定条件下可以减少风险；在多名研究人员从事的互补性的团队工作中，企业可以通过采取帮助的方式提高对研究人员的激励作用，但也增加了搭便车风险，因此企业必须在监控团队整体业绩信号的同时，监控各研究人员的业绩信号；一名研究人员从事多项工作时，如果企业对各项工作的信号反应较强并且采取防止偷懒的措施，就会使研究人员承担较大的风险。(3) 在企业和研究人员的长期合作关系中，研究人员的报酬除了与一定期间内的短期性业绩努力有关，还取决于在产学研长期合作中形成的研究人员的合作地位上升和股利分红等长期激励方式。长期激励方式可以减少短期报酬激励合同中的信号误差及缓和研究人员之间的恶性竞争。

第3章 产学研合作研发组织中控制权以及技术许可条件下收益分配比例系数研究

3.1 产学研合作研发组织中控制权的模型描述

合作双方研发组织的控制权,关系到研发组织的两个主体对研发组织控制权的权力和责任的配置。在产学研合作中,对研发组织有着控制权的主体有两个:一是具有盈利动机的企业,企业追求利润最大化;二是大学和科研机构的研究人员,研究人员的特殊专业技能对研发组织创造经济效益是不可缺少的。为了提高研发人员的积极性,就要给予他们对研发组织一定的控制权。但是,这两个主体从各自的利益出发,必然会产生利益上的对立,这就必须通过这两个主体之间的协商谈判来解决。假设对某个研发组织来说,存在 L_0 个可能被选择的研发人员数量,L_0 个研发人员组成一个对立主体,与企业谈判确定研发人员的工作报酬 w;然后企业从 L_0 个研发人员中选择研发人数 $L(L\leqslant L_0)$。被选中的研发人员在研发组织中的努力水平为 e,付出的努力成本为 $c(e)$。未被选择的研发人员则得到相当于做其他工作的机会报酬效用 $u(\underline{w})$。企业的收益取决于研发人员数量和个人的努力水平,假定每个研发人员都付出 e 的努力,企业获得 $R(eL)$ 的收入,企业最终获得的净收入为

$R(eL)-wL$,其中 $R'>0$。研发人员作为一个总体的效用应该等于被选中的研发人员的总效用与未被选中的研发人员保留效用累计之和,具体可以表示成 $L\cdot u(w-c(e))+(L_0-L)\cdot u(\underline{w})$。假定企业有向别的研发组织投资的外部机会,机会收益就是与研发人员谈判破裂,不能向该研发组织投资时获得的收益,这里假设为 $\underline{R}(\underline{R}\geqslant 0)$。

3.2 产学研合作研发组织中的组织形式

3.2.1 企业完全控制的产学研合作研发组织

当企业发展到成熟阶段,研发力量比较强,但不是企业所需技术全部由内部研发,而是在内部研发的基础上,通过与高校和研究所的研究人员合作,解决部分技术难题,并且参加的研发人员不参与企业研发组织的技术控股和剩余的分配。若该产学研合作组织为企业完全控制的研发组织,从收入中减去各种支出后的利润应该归企业所有。企业完全控制的研发组织的目标是追求利润最大化,可以表示为式(3-1):

$$\max_{e,L,w} R(eL)-wL$$

$$\text{s.t.}\quad L\cdot u(w-c(e))+(L_0-L)\cdot u(\underline{w})\geqslant L_0\cdot u(\underline{w}) \tag{3-1}$$

可以转化为如下问题:

$$\min_{e,L,w}\ wL-R(eL)$$

$$\text{s.t.}\quad L\cdot u(w-c(e))-L\cdot u(\underline{w})\geqslant 0 \tag{3-2}$$

根据有约束条件的最小值问题 $K\text{-}T$ 条件，可以得到下面的方程组：

$$\begin{cases} -L\cdot R'(eL)+\lambda\cdot u'(w-c(e))\cdot c'(e)\cdot L=0 \\ w-e\cdot R'(eL)-\lambda\cdot[u(w-c(e))-u(\underline{w})]=0 \\ L-\lambda\cdot u'(w-c(e))\cdot L=0 \\ \lambda\cdot[L\cdot u(w-c(e))-L\cdot u(\underline{w})]=0 \end{cases} \tag{3-3}$$

求解方程组(3-3)，可以得到

$$\begin{cases} R'(eL)=c'(e) \\ w=e\cdot R'(eL) \\ u(w-c(e))=u(\underline{w}) \end{cases} \tag{3-4}$$

结果表明企业完全控制的研发组织的边际收益等于研发人员的边际努力水平，研发人员得到的工作报酬等于努力水平和边际收益的乘积，研发人员的报酬减去努力成本的效用等于研发人员做其他研发工作所得的工作报酬的效用。该研发组织的特点是企业得到全部利润和承担全部风险，而研发人员只得到保留效用，因而该组织的研发人员缺乏积极性。

3.2.2　研究人员完全控制的产学研合作研发组织

在企业发展的初期阶段，尤其是在高新技术领域，研发组织人数比较少，通常是由研究所和高校具有技术成果的研究人员组成，而所需资金主要来源于企业投资。若产学研合作组织为研究人员完全自主管理的组织，则该研发组

织的行为目标可以表示为

$$\max_{e,L,w} L \cdot u(w-c(e))+(L_0-L)\cdot u(\underline{w})$$

$$\text{s.t.}\quad R(eL)-wL\geqslant \underline{R} \tag{3-5}$$

可以转化为如下问题：

$$\max_{e,L,w} -L\cdot u(w-c(e))-(L_0-L)\cdot u(\underline{w})$$

$$\text{s.t.}\quad R(eL)-wL-\underline{R}\geqslant 0 \tag{3-6}$$

根据有约束条件的最小值问题 K-T 条件，可以得到下面的方程组：

$$\begin{cases} L\cdot u'(w-c(e))\cdot c'(e)-\mu R'(eL)\cdot L=0 \\ -u(w-c(e))+u(\underline{w})-\mu\cdot[e\cdot R'(eL)-w]=0 \\ -Lu'(w-c(e))+\mu\cdot L=0 \\ \mu\cdot[R(eL)-wL-\underline{R}]=0 \end{cases} \tag{3-7}$$

求解上述方程组(3-7)，可以得到方程组(3-8)：

$$\begin{cases} R'(eL)=c'(e) \\ w=e\cdot R'(eL)+\dfrac{u(w-c(e))-u(\underline{w})}{u'(w-c(e))} \\ R(eL)-wL-\underline{R}=0 \end{cases} \tag{3-8}$$

结果表明研发组织是由研究人员完全控制的组织，则将该研发组织的收益分配控制在可以阻止企业抽出资金投入到其他方面最低收益的水平上，将收入减去报酬等各种生产费用后的剩余，然后在全部研发人员之间进行分配，因而追求研究人员总体效用最大化是其组织的目标。

3.2.3　企业和研究人员双向控制的产学研合作研发组织

基于企业和高校的长远发展目标，针对复杂的技术（如新材料、新能源等），企业与高校联合组建研发组织，其目标能使企业获得长远的技术竞争优势，并源源不断地开发出新产品，同时能增强研究人员解决科学问题和技术问题的能力，并培养出企业高素质的人才。若该产学研合作研发组织为研究人员和企业共同管理的组织，则该组织的行为目标是使两个主体谈判成功的效用与谈判破裂时的效用水平之差的乘积最大化，可以表示如下：

$$\max_{e,L,w}[R(eL)-wL-\underline{R}]^{\tau}[L\cdot u(w-c(e))-L\cdot u(\underline{w})]^{1-\tau} \tag{3-9}$$

对 w 进行微分得到

$$w=\frac{R(eL)}{L}-\frac{\underline{R}}{L}-\frac{\tau}{1-\tau}\cdot\frac{u(w-c(e))-u(\underline{w})}{u'(w-c(e))} \tag{3-10}$$

对 e 进行微分，再把式(3-10)代入得到

$$R'(eL)=c'(e) \tag{3-11}$$

对 L 微分得到

$$w=e\cdot R'(eL)+(1-\tau)\left[\frac{R(eL)-\underline{R}}{L}-e\cdot R'(eL)\right] \tag{3-12}$$

假定 $R(0)=\underline{R}>0, R''<0$，令 $F(eL)=R(eL)-\underline{R}-L\cdot e\cdot R'(eL), x=eL$，因此可以写成

$$F(x)=R(x)-\underline{R}-x\cdot R'(x) \tag{3-13}$$

因为 $F(0)=R(0)-\underline{R}=0, F'(x)=R'(x)-R'(x)-R''(x)=-R''(x)>0$，

所以 $F(x)>0$，即 $F(eL)=R(eL)-\underline{R}-L\cdot e\cdot R'(eL)>0$。

因此成立

$$\frac{R(eL)-\underline{R}}{L}-e\cdot R'(eL)>0 \tag{3-14}$$

式(3-12)是双向式控制下的产学研合作组织的报酬确定问题。如果这个组织是研发人员管理的组织，只要保证企业得到与外部同等收益水平的机会，研发人员的报酬根据式(3-7)可以得到 $w=\frac{R(eL)}{L}-\frac{\underline{R}}{L}$；但是在双向式控制下，必须考虑企业的控制权，因此研发人员得到的 w 比 $\frac{R(eL)}{L}-\frac{\underline{R}}{L}$ 低；根据式(3-10)，要低 $\frac{\tau}{1-\tau}\cdot\frac{u(w-c(e))-u(\underline{w})}{u'(w-c(e))}$，说明对研发人员管理的组织决定的 w 而言，双向式控制下的报酬还受到 $\frac{\tau}{1-\tau}$ 和 $\frac{u(w-c(e))-u(\underline{w})}{u'(w-c(e))}$ 乘积的影响。其中 τ 表示企业谈判地位的大小，τ 越大，在 $\frac{u(w-c(e))-u(\underline{w})}{u'(w-c(e))}$ 不变条件下，双向式控制下的研发人员报酬就低；$\frac{u(w-c(e))-u(\underline{w})}{u'(w-c(e))}$ 可以表示研发人员对谈判破裂的害怕

程度，若害怕程度高，则研发人员得到的 w 就低。这种害怕程度受到两个方面因素的影响：① 研发人员谈判成功的效用和谈判失败的效用之差 $u(w-c(e))-u(\underline{w})$；② 研发人员谈判成功时的边际效用。如果①大，因为谈判失败造成的损失大，研发人员要求的 w 就不会太高；如果②小，表示即使得到高报酬 w，但得到的边际效用也低，因此研发人员也不会要求高报酬 w。

在不对称的双向式控制纳什谈判解的条件式(3-10)～式(3-12)同时成立。式(3-12)和式(3-4)中的 $w=e\cdot R'(eL)$，前者大，大 $(1-\tau)\left[\frac{R(eL)-\underline{\underline{R}}}{L}-e\cdot R'(eL)\right]$ 说明完全由企业决定的组织而言，w 双向式控制下的报酬还受到 $(1-\tau)$ 和 $\frac{R(eL)-\underline{\underline{R}}}{L}-e\cdot R'(eL)$ 乘积的影响。τ 越大即企业控制的力量越大，在 $\frac{R(eL)-\underline{\underline{R}}}{L}-e\cdot R'(eL)$ 不变条件下，双向式控制下的研发人员报酬就低；$\frac{R(eL)-\underline{\underline{R}}}{L}-e\cdot R'(eL)$ 可以表示企业对谈判破裂的害怕程度，若害怕程度高，则研发人员得到的报酬 w 就高。这种害怕程度受到两个方面因素的影响：① 企业谈判成功的收益和谈判失败的收益之差与从业研发人员的数量比值 $\frac{R(eL)-\underline{\underline{R}}}{L}$，如果该比值大，企业谈判失败造成的单位人员损失大，研发人员要求的报酬 w 就会高；② 企业谈判成功时的单位人员边际收益，即使单位人员边际收益低，但由于企业得到高的平均收益，因此研发人员也会要求高报酬 w。

式(3-12)同时也说明研究人员数量的决定问题。假定$R(0)=\underline{R}>0, R''<0$,则成立

$$\frac{R(eL)-\underline{R}}{L}-e\cdot R'(eL)>0 \qquad (3\text{-}15)$$

根据式(3-15)可以知道,只要报酬低于企业的单位人员边际收益与单位人员的企业的保留收益总和,企业就可以扩大研究人员的数量。式(3-12)和式(3-4)中的$w=e\cdot R'(eL)$比较可以知道,双向式控制下的研究人员报酬比完全由企业控制的报酬高,表明双向式控制下的组织具有选择较多研究人员的倾向。在双向式控制下,企业承诺使用较多研究人员作为保证。在努力水平方面,研发人员按照利己的方式行动,则完全不努力是最佳选择;而在双向式控制下,根据式(3-11):$R'(eL)=c'(e)$,可以知道研究人员采取的努力水平,使得努力的边际成本与企业的边际收入相一致,也就是说研究人员给企业这样的努力水平的承诺。这种承诺是企业和研究人员双向控制的产学研合作研发组织的一个特征。为了让这种承诺发挥作用,必须去除双方各自追求短期利益的动机。因此企业要维持和研究人员长期的合作关系,就要将长期利益置于短期利益之上,这样才可以让承诺可信。在双方不配合的前提下,企业蒙受研究人员完全不努力带来的利益损失,研究人员则承受得不到合作机会的损失。因此在双向式控制下决定研究人员的报酬,与企业和研究人员分别从各自利益出发来实用研究人员数量和努力水平更有效率。

3.3　产学研合作中技术许可条件下收益分配比例模型假设

假设许可方有一项新技术，接受方要开发一个项目，需要该项技术，接受方的获利能力 θ 是它的私人类型，其概率分布 $p\{\theta=G\}=p$，$p\{\theta=B\}=1-p$ 是共同知识。这里 $G>B$。接受方向许可方提出一定的分配比例系数 r 以换取该技术。用 R 表示接受方使用该技术后增加的收益，许可方无法区分 θ 和 R；用 s 表示接受方未得到该技术而被其他接受方采用后对自己带来的损失。该博弈的时序如下：

(1) 自然以概率分布 $p\{\theta=G\}=p$，$p\{\theta=B\}=1-p$ 选择接受方的获利能力（类型）θ。

(2) 接受方了解到自己的类型后，选择分配比例系数 $r(\theta)\in(0,1]$。

(3) 许可方看到 r 后，形成对接受方获利的推断 $p\{\theta|r\}$，并决定是否接受 r。

(4) 若许可方拒绝 r，即选择不进行技术许可行动 a_0，获得保留收益 K 即许可方对其自身拥有技术的评价，接受方的收益为 θ；若许可方接受 r，即选择进行技术许可行动 a_1，获得收益 $r(\theta+R)$，接受方的收益为 $(1-r)(\theta+R)$。

3.3.1　不同类型接受方发送相同分配比例系数信号的混同均衡

设 $r(\theta)=r>0$，许可方的推断为 $p\{\theta=G|r\}=p$，$p\{\theta=B|r\}=1-p$，根据以上假设和分析，可以得到其博弈树如图 3-1 所示，其中 1 为接受方，2 为许可方：

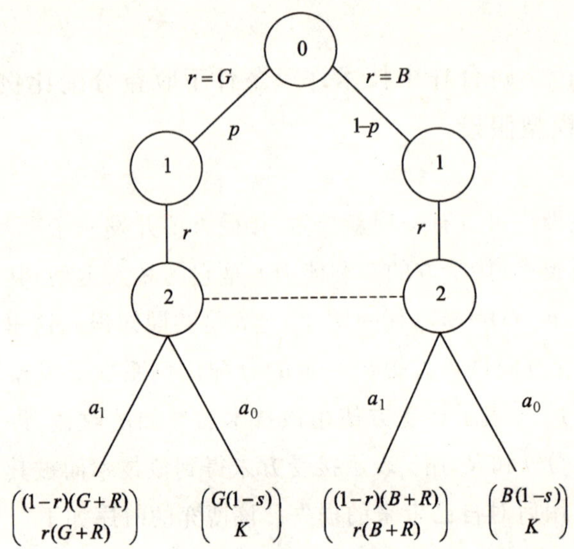

图 3-1　不同类型接受方发送相同收益分配比例系数信号的博弈树

在第二阶段，许可方根据接收到的 r，形成了对接受方收益 θ 的推断 $p\{\theta=G|r\}=p$，$p\{\theta=B|r\}=1-p$，选择行动 $a(r)\in\{a_0,a_1\}$，最大化自己的期望收益，即求解：$\max\{pr(G+R)+(1-p)r(B+R),K\}$。选择进行技术许可行动 $a(b)=a_1$ 的条件是 $pr(G+R)+(1-p)r(B+R)\geqslant K\}$ 即可以得到 $r\geqslant\dfrac{K}{p(G+R)+(1-p)(B+R)}$，因此成立

$$a(b)=\begin{cases} a_1 & r\geqslant\dfrac{K}{p(G+R)+(1-p)(B+R)} \\ a_0 & r<\dfrac{K}{p(G+R)+(1-p)(B+R)} \end{cases} \tag{3-16}$$

在第一阶段，接受方预料到许可方转让技术的策略 $a(r)$ 及其推断，根据自己的类型 θ，最大化自己的收益。

当 $\theta=G$ 时，求解 $\max\{(1-r)(G+R), G(1-s\}$，若接受方选择 r，使 $(1-r)(G+R)\geqslant G(1-s)$，同时要许可方能选择进行技术许可行动 a_1，还要满足 $r\geqslant\dfrac{K}{p(G+R)+(1-p)(B+R)}$，因此可得 $r\in\left(\dfrac{K}{p(G+R)+(1-p)(B+R)},\dfrac{R+Gs}{G+R}\right)$。

当 $\theta=B$ 时，求解 $\max\{(1-r)(B+R), B(1-s)\}$，若接受方选择 r，使 $(1-r)(B+R)\geqslant B(1-s)$，同时要许可方能选择进行技术许可行动 a_1，还要满足 $r\geqslant\dfrac{K}{p(G+R)+(1-p)(B+R)}$，因此可得 $r\in\left(\dfrac{K}{p(G+R)+(1-p)(B+R)},\dfrac{R+Bs}{B+R)}\right)$。

从而，当满足 $\dfrac{K}{p(G+R)+(1-p)(B+R)}<\dfrac{R+Gs}{G+R}$ 时，可得混同均衡：

$$r^*(\theta)\equiv r^*\in\left(\frac{K}{p(G+R)+(1-p)(B+R)},\frac{R+Gs}{G+R}\right) \tag{3-17}$$

$$p\{\theta=G\left|r^*(\theta)=r^*\right.\}=p, p\{\theta=B\left|r^*(\theta)=r^*\right.\}=1-p \tag{3-18}$$

$$a^*(b)=\begin{cases}a_1 & r=r^*\\ a_0 & r\neq r^*\end{cases} \tag{3-19}$$

显然，当 $p\to 1$ 时，混同均衡存在。

命题 3.1　在信息不对称技术许可条件下，无论接受方的获利能力是高还是低，分配比例系数 $r=r^*$，均衡条件为

$$\boldsymbol{r^* \in \left(\frac{K}{p(G+R)+(1-p)(B+R)}, \frac{R+Gs}{G+R}\right)}。$$

分别将$\frac{K}{p(G+R)+(1-p)(D+R)}$、$\frac{R+Gs}{G+R}$对 R 求导可知，随着 R 的增加，其 r^* 的范围上下限都在扩展，即许可方和接受方对分配比例系数的讨价还价能力不能确定；将$\frac{K}{p(G+R)+(1-p)(D+R)}$，$\frac{R+Gs}{G+R}$对 K 求导可知，随着 K 的增加，其 r^* 的范围下限在增加而上限不变，即如果许可方的保留价值越大，那么许可方对分配比例系数的讨价还价能力就越强；将$\frac{K}{p(G+R)+(1-p)(D+R)}$和$\frac{R+Gs}{G+R}$分别对 s 求导可知，随着 s 的增加，其 r^* 的范围上限在增加而下限不变，即如果接受方得不到技术的损失越大，那么许可方对分配比例系数的讨价还价能力就越强。

3.3.2　不同类型接受方发送不同分配比例系数信号的分离均衡

接受方的策略如下：$r(\theta)=\begin{cases} r_G & \theta=G \\ r_B & \theta=B \end{cases}$，许可方接受 $r(\theta)$后，对于接受方的类型推断为 $p\{\theta=G|r=r_G\}=1$，$p\{\theta=B|r=r_B\}=1$。根据以上假设和分析，可以得到其博弈树如图 3-2 所示，其中 1 为接受方，2 为许可方。

在第二阶段，许可方根据接收到的 r，形成了对接受方收益 θ 类型的推断，即 $p\{\theta=G|r=r_G\}=1$，$p\{\theta=B|r=r_B\}=1$，选择行动 $a(r)\in\{a_0,a_1\}$，最大化自己的期望收益。

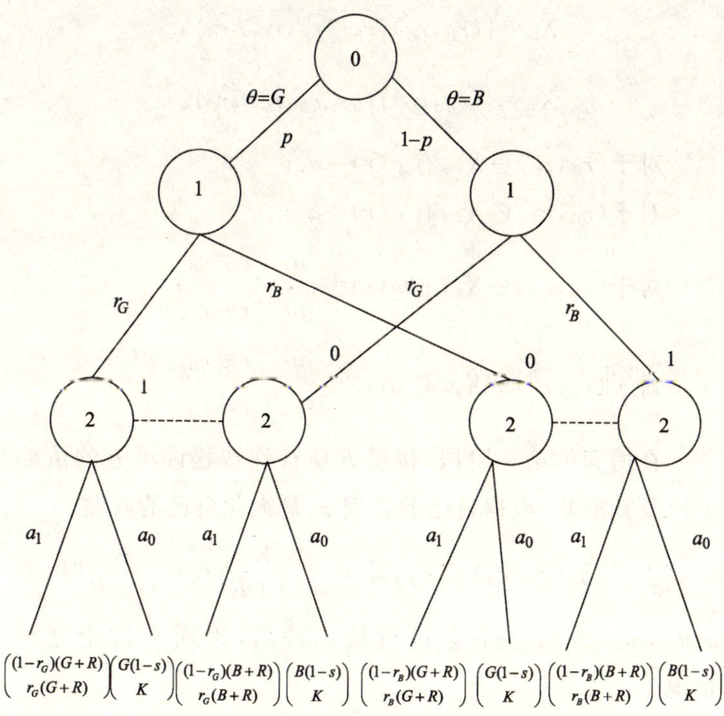

图 3-2　不同类型接受方发送不同分配比例系数信号的博弈树

对于 $r=r_B$，求解 $\max\{r_B(B+R),K\}$，可知 $a(r_B)=a_1$ 的充要条件是 $r_B(B+R)\geqslant K$ 即 $r_B\geqslant\dfrac{K}{B+R}\triangleq\hat{r}_B$。

对于 $r=r_G$，求解 $\max\{r_G(G+R),K\}$，可知 $a(r_G)=a_1$ 的充要条件是 $r_G(G+R)\geqslant K$ 即 $r_G\geqslant\dfrac{K}{G+R}\triangleq\hat{r}_G$。

这样，可将 r_B，r_G 所在的平面分成四个区域：

$$X_1=\{(r_B,r_G)\mid r_B\geqslant\hat{r}_B,r_G\geqslant\hat{r}_G\},$$

$$X_2=\{(r_B,r_G)\mid r_B\geqslant\hat{r}_B,r_G<\hat{r}_G\},$$

$$X_3=\{(r_B,r_G)\mid r_B<\hat{r}_B,r_G\geqslant\hat{r}_G\},$$

$$X_4=\{(r_B,r_G)\mid r_B<\hat{r}_B,r_G<\hat{r}_G\}。$$

对于$(r_B,r_G)\in X_1$,有 $a(r)=a_1$;

对于$(r_B,r_G)\in X_4$,有 $a(r)=a_0$;

对于$(r_B,r_G)\in X_2$,有 $a(r)=\begin{cases}a_1 & r=r_B\\ a_0 & r=r_G\end{cases}$;

对于$(r_B,r_G)\in X_3$,有 $a(r)=\begin{cases}a_0 & r=r_B\\ a_1 & r=r_G\end{cases}$。

在博弈的第一阶段,接受方预料到转移许可方的策略$a(r)$及其推断,根据自己的类型 π,最大化自己的收益。

① 对于$(r_B,r_G)\in X_4$,即 $r_B<\frac{K}{B+R}$,$r_G<\frac{K}{G+R}$时,有$a(\theta)\equiv a_0$,许可方不会进行技术许可,因而不讨论这种情况。

② 对于$(r_B,r_G)\in X_1$,即 $r_B\geqslant\frac{K}{B+R}$,$r_G\geqslant\frac{K}{G+R}$时,有$a(\theta)\equiv a_1$。

当 $\theta=G$ 时,求解 $\max\{(1-r_G)(G+R),(1-r_B)(G+R)\}$,$r(\theta)=r_G$ 的充要条件是$(1-r_G)(G+R)\geqslant(1-r_B)(G+R)$即 $r_G\leqslant r_B$。

当 $\theta=B$ 时,求解 $\max\{(1-r_G)(B+R),(1-r_B)(B+R)\}$,$r(\theta)=r_B$ 的充要条件是$(1-r_G)(B+R)\leqslant(1-r_B)(B+R)$即 $r_G\geqslant r_B$。因此当$(r_B,r_G)\in X_1$时,不可能存在分离均衡。

③ 对于$(r_B,r_G)\in X_3$,即 $r_B<\frac{K}{B+R}$,$r_G\geqslant\frac{K}{G+R}$时,有

$$a(r)=\begin{cases}a_0 & r=r_B\\ a_1 & r=r_G\end{cases} \tag{3-20}$$

当 $\theta=G$ 时，求解 $\max\{(1-r_G)(G+R),G(1-s)\}$，$r(\theta)=r_G$ 的充要条件是 $(1-r_G)(G+R)\geqslant G(1-s)$，即 $r_G\leqslant\dfrac{R+Gs}{G+R}$。因此有 $r_G\in\left(\dfrac{K}{G+R},\dfrac{R+Gs}{G+R}\right)$。

当 $\theta=B$ 时，求解 $\max\{(1-r_G)(B+R),B(1-s)\}$，$r(\theta)=r_B$ 的充要条件是 $(1-r_G)(B+R)\leqslant B(1-s)$，即 $r_G\geqslant\dfrac{R+Bs}{B+R}$。这与 $r_G\in\left(\dfrac{K}{G+R},\dfrac{R+Gs}{G+R}\right)$ 矛盾，因此当 $(r_B,r_G)\in X_3$ 时，也不可能存在分离均衡。

④ 对于 $(r_B,r_G)\in X_2$，即 $r_B\geqslant\dfrac{K}{B+R}$，$r_G<\dfrac{K}{G+R}$ 时有 $a(r)=\begin{cases}a_1 & r=r_B\\ a_0 & r=r_G\end{cases}$。

当 $\theta=G$ 时，求解 $\max\{(1-r_B)(G+R),G(1-s)\}$，$r(\theta)=r_G$ 的充要条件是 $(1-r_B)(G+R)\leqslant G(1-s)$ 即 $r_B\geqslant\dfrac{R+Gs}{G+R}$。令 $m=\max\left\{\dfrac{R+Gs}{G+R},\dfrac{K}{B+R}\right\}$，可以得到 $r_B\geqslant m$。

当 $\theta=B$ 时，求解 $\max\{(1-r_B)(B+R),B(1-s)\}$，$r(\theta)=r_B$ 的充要条件是 $(1-r_B)(B+R)\geqslant B(1-s)$ 即 $r_B\leqslant\dfrac{R+Bs}{B+R}$，因此 $r_B\in\left(m,\dfrac{R+Bs}{B+R}\right)$ 时，可以得到分离均衡：

$$r^*(\theta)=\begin{cases}r_G & \theta=G\\ r_B & \theta=B\end{cases},p\{\theta=G|r=r_G\}=1,p\{\theta=B|r=r_B\}=1 \tag{3-21}$$

$$a(r)=\begin{cases}a_1 & r=r_B\\ a_0 & r=r_G\end{cases} \tag{3-22}$$

命题 3.2　在信息不对称技术许可条件下，接受方根据自己的获利能力选择分配比例系数，许可方根据分配比例系数，选择是否进行技术许可，其均衡条件为 $r_B \in \left(m, \dfrac{R+Bs}{B+R}\right)$ 和 $r_G < \dfrac{K}{G+R}$。

将 m 和 $\dfrac{R+Bs}{B+R}$ 分别对 R 求导可知，随着 R 的增加，其 r_B 的范围上下限都有可能扩展，即许可方和接受方对分配比例系数的讨价还价能力不能确定；将 m 和 $\dfrac{R+Bs}{B+R}$ 分别对 K 求导可知，随着 K 的增加，其 r_B 的范围下限可能增加而上限不变，即如果许可方对技术的保留价值增加，那么许可方对分配比例系数的讨价还价能力就增强；将 m 和 $\dfrac{R+Bs}{B+R}$ 分别对 s 求导可知，随着 s 的增加，其 r_B 的范围上限在增加而下限可能不变或增加，即如果接受方得不到技术的损失越大，那么许可方对分配比例系数的讨价还价能力就越强。

3.4　分配比例系数信号博弈模型中 R 值和 s 值估算

由于信息不对称，在产学研合作中许可方无法知道接受方获利能力，必须对接受方得到技术许可后可能带来的大致收益 R 以及接受方未得到技术后所带来的损失 s 进行合理估算。考虑有一个由 n 家准备接受技术方构成的同质行业古诺寡头竞争市场，行业的逆需求函数为 $p=b_0-b_1q$，得到技术许可前，第 i 家准备接受技术方的单位成本为 c_i（$0<c_i<b_0$），假设许可方掌握一种能降低单位产品的创新技术，

接受方 i 得到该项技术后能将成本降低 σ。

（1）得到技术许可前，接受方 i 和未接受方 j 的利润函数如下：

$$\begin{cases} \pi_i = (b_0 - b_1 q - c_i) q_i \\ \pi_j = (b_0 - b_1 q - c_j) q_j \end{cases}, \quad (q = \sum_{l=1}^{n} q_l) \tag{3-23}$$

令 $\frac{\partial \pi_l}{\partial q_l} = 0$，可以得出

$$\begin{cases} \pi_i = \dfrac{\left[b_0 - (n+1)c_i + \sum_{l=1}^{n} c_l\right]^2}{(n+1)^2 b_1} \\ \pi_j = \dfrac{\left[b_0 - (n+1)c_j + \sum_{l=1}^{n} c_l\right]^2}{(n+1)^2 b_1} \end{cases} \tag{3-24}$$

（2）得到技术许可后，接受方 i 的成本为 $c_i - \sigma$，未接受方 j 的成本不变，利润函数方程组为

$$\begin{cases} \pi_i' = (b_0 - b_1 q - c_i + \sigma) q_i \\ \pi_j' = (b_0 - b_1 q - c_j) q_j \end{cases}, \quad (j = 1, 2, \cdots, i-1, i+1, \cdots, n) \tag{3-25}$$

令 $\frac{\partial \pi'_l}{\partial q_l} = 0$，可以得出

$$\begin{cases} \pi_i' = \dfrac{\left[b_0 - (n+1)c_i + \sum_{j} c_j + n\sigma\right]^2}{(n+1)^2 b_1} \\ \pi_j' = \dfrac{\left[\alpha - (n+1)c_j + \sum_{l}^{n} c_l - \delta\right]^2}{(n+1)^2 \beta} \end{cases} \tag{3-26}$$

因此可以得到在技术许可条件下，接受方 i 得到技术后得到的总收益和未接受方 j 的损失系数分别为

$$R=\pi_i'-\pi_i=\frac{\left[\alpha-(n+1)c_i+\sum_j^n c_j+n\delta\right]^2}{(n+1)^2\beta}-\frac{\left[\alpha-(n+1)c_i+\sum_j^n c_j\right]^2}{(n+1)^2\beta} \tag{3-27}$$

$$s=\frac{\pi_j-\pi_j'}{\pi_j}=\frac{\dfrac{\left[\alpha-(n+1)c_i+\sum_j^n c_j\right]^2}{(n+1)^2\beta}-\dfrac{\left[\alpha-(n+1)c_j+\sum_l^n c_l-\delta\right]^2}{(n+1)^2\beta}}{\dfrac{\left[\alpha-(n+1)c_i+\sum_j^n c_j\right]^2}{(n+1)^2\beta}} \tag{3-28}$$

通过上述方法，可以对产学研合作中技术许可条件下，许可方将技术转让给接受方产生的收益 R 和不转让给接受方时产生的损失 s 进行估算。

3.5 本章小结

企业和高校及研究所的研究人员对产学研合作研发组织的控制权管理是影响现实经济中产学研合作研发组织健康发展的协调机制。基于企业和高校院所的研究人员目标不同，对企业完全控制、研究人员完全控制以及企业和高校

及研究所的研究人员双向控制这三种类型的产学研合作研发组织中的企业边际收益和研究人员的工作报酬等展开分析。研究发现：这三种类型的研发组织中，企业的边际收益等于研究人员的边际努力水平；研究人员的工作报酬在研究人员控制的产学研合作研发组织中最高，企业和高校及研究所的研究人员双向控制次之，而在企业控制的产学研合作研发组织中最低；这三种类型控制的产学研合作研发组织在追求做大做强的行为方面，双向式控制下的研发组织更能实现做大做强的目标。

通过分析技术许可条件下接受方获利类型不同，采用博弈论的信号博弈模型，研究了技术许可接受方和许可方的信息不对称情况下，接受方和许可方之间的利益分配系数的确定。得出的主要结论是：许可方保留价值大，许可方获得的利益越大；转移技术产生的价值对双方产生的分配比例系数不能确定；如果接受方得不到技术的损失越大，那么许可方对分配比例系数的讨价还价能力就越强。因此在技术许可过程中，接受方和许可方都应当慎重选择，避免机会主义的发生。

第4章　产学研合作中基于企业主体地位的协调模式和合作组织之间交流方式协调均衡研究

4.1　基于企业主体的产学研信息决策协调模式模型分析

为协调各部门的决策使之达到资源配置最优，应当如何分享、利用信息等问题，即所谓的“协调”。把现实产学研合作中协调作用方式抽象为图4-1所示的简单模型。产学研由企业及下面两个各负责不同事情但又相互关联的高校和研究所构成，为研发产品服务。

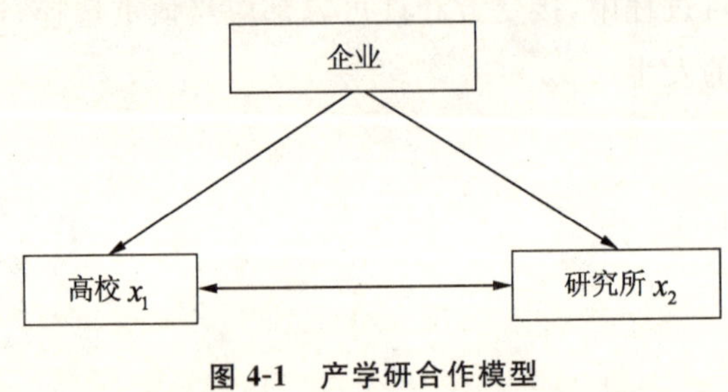

图4-1　产学研合作模型

高校和研究所的活动水准为 $x_i(i=1,2)$ 时，产学研合作的总的收益函数如下：

$$R=\overline{R}+(\alpha+\beta_1)b_1x_1+(\alpha+\beta_2)b_2x_2-\frac{1}{2}B(x_1+x_2)^2-\frac{1}{2}C(x_1-x_2)^2 \tag{4-1}$$

这里 α,β_1 和 β_2 表示期望值为0,方差呈正态分布的随机变量;b_1 和 b_2 是正常数,分别表示高校和研究所在企业研发产品中的作用大小系数;B 和 C 是正常数。分别用 x_1 和 x_2 对收益函数求微分

$$\frac{\partial R}{\partial x_1}=(\alpha+\beta_1)b_1-B(x_1+x_2)+C(x_1-x_2) \tag{4-2}$$

$$\frac{\partial^2 R}{\partial x_1\partial x_2}=C-B \tag{4-3}$$

当 $C-B>0$ 时,表示由于高校的活动水准上升,研究所的活动水准增加使边际收益增加,则表明高校和研究所部门间是相互协调的。

当 $C-B<0$ 时,表示由于高校的活动水准上升,研究所的活动水准增加使边际收益减少,则表示高校和研究所部门间是相互竞争的。

当 $C-B=0$ 时,表示高校和研究所之间相互没有影响。

假定研发产品活动的成果受随机变量的影响,是为了反映现实的产学研活动中每天要处理不确定事态这一事实。α 代表对高校和研究所的活动水准带来外部性的不确定因素,称作系统振荡,服从正态分布。比如说企业新产品需求的改变会影响与新产品有关的高校和研究所活动水准。与此相对应,β_1,β_2 表示只对本部门产生影响的振荡,

服从正态分布。比如说，只涉及该部门的个别设备故障和人员调整，称作个别振荡。对于与振荡相关的信息结构，作如下假定：

(1) 企业根据经验了解振荡的随机变量，但不能观察实现值；

(2) 高校和研究所能观察 α 和 β 的实现值，但观测不完全。

在产学研模型中，企业所起的作用是：要求高校和研究所从有关振荡中选用一种协调模式使产学研活动达到最佳状态。具体而言，企业首先指定高校和研究所某种信息记作 ξ_i；其次，企业要求高校和研究所按照给定的信息采取活动水准，即要求满足

$$E(R)=E\Big[\bar{R}+(\alpha+\beta_1)b_1x_1(\xi_1)+(\alpha+\beta_2)b_2x_2(\xi_2)-\frac{1}{2}B(x_1(\xi_1)+x_2(\xi_2))^2-\frac{1}{2}C(x_1(\xi_1)-x_2(\xi_2))^2\Big] \tag{4-4}$$

最大化为目标，选择作为 ξ_i 函数的 $x_i(\xi_i)$。

4.2 各类协调模式及其协调效率的比较分析

4.2.1 协调模式的分类

基于产学研的收益函数，以企业为主体的高校和研究所根据信息决策的协调模式如下：

(1) 传统的计划模式

在计划模式中，高校和研究所根据系统振荡与个别振

荡事前给定的知识决定活动水准。因为决策要求上述收益对 x_1,x_2 实现最大化,所以 $x_1=x_2=0,E(R)=\bar{R}\triangleq E_1$。从新中国成立后的历史来看,产学研的合作模式是从计划模式开始的。在新中国成立初期,高校和研究所处理信息的能力差,无法独自采用各自部门独特的方法处理个别信息。

(2) 以各部门信息的分权模式

决策标准为关于 ξ_i 的线性函数,设 $\xi_i=(\beta_i+\varepsilon_i)$,$\varepsilon_i$ 为随机变量,是各部门处理信息的能力,高校和研究所独自处理信息能力的分权模式成为各部门的观察误差,服从正态分布:$x_i=a(\beta_i+\varepsilon_i)$,将其代入式(4-1)得

$$\begin{aligned}R=\bar{R}&+(\alpha+\beta_1)b_1a(\beta_1+\varepsilon_1)+(\alpha+\beta_2)b_2a(\beta_2+\varepsilon_2)-\\&\frac{1}{2}B[a(\beta_1+\varepsilon_1)+a(\beta_2+\varepsilon_2)]^2-\\&\frac{1}{2}C[a(\beta_1+\varepsilon_1)-a(\beta_2+\varepsilon_2)]^2\end{aligned} \tag{4-5}$$

利用 $\frac{\partial E(R)}{\partial a}=0$,可以求出

$$a=\frac{b_1\sigma_{\beta_1}^2+b_2\sigma_{\beta_2}^2}{(B+C)(\sigma_{\beta_1}^2+\sigma_{\beta_2}^2+\sigma_{\varepsilon_1}^2+\sigma_{\varepsilon_2}^2)}\triangleq A_2 \tag{4-6}$$

$$E(R)=\bar{R}+\frac{a}{2}(b_1\sigma_{\beta_1}^2+b_2\sigma_{\beta_2}^2)\triangleq E_2 \tag{4-7}$$

由于充分利用了高校和研究所各自处理信息能力,与传统的计划模式相比,期望收益更高。

(3) 以企业信息为主的同化模式

随着经济和教育的快速发展，由于高校和研究所的科研经费不足以及企业中的大学生数量的增加，高校和研究所一起为企业服务，共同担负责任，这种模式被称为以企业信息为主的同化模式。高校和研究所都忽视个别振荡信息，只以系统信息 α 为行动标准。设 $\xi_i=(\alpha+\varepsilon_0)$，$x_i=a(\alpha+\varepsilon_0)$，类似以各部门信息的分权模式的求解方法，可得

$$a=\frac{(b_1+b_2)\sigma_\alpha^2}{4B(\sigma_\alpha^2+\sigma_{\varepsilon_0}^2)}\triangleq A_3 \tag{4-8}$$

$$E(R)=\bar{R}+\frac{a}{2}(b_1+b_2)\sigma_\alpha^2\triangleq E_3 \tag{4-9}$$

这种模式一般在特殊的情况下采用，例如中国在 20 世纪 60 年代生产原子弹时的产学研的协调模式。

(4) 以企业和各自部门信息并重的混合模式

高校和研究所为了各自的利益，不仅仅面向企业，还有自己创造知识的任务，称这种模式为以企业和各自部门信息并重的混合模式。设 $\xi_i=\alpha+\varepsilon_0+\beta_i+\varepsilon_i$，$x_i=a(\alpha+\varepsilon_0+\beta_i+\varepsilon_i)$。类似以各部门信息的分权模式的求解方法，可得

$$a=\frac{b_1(\sigma_\alpha^2+\sigma_{\beta_1}^2)+b_2(\sigma_\alpha^2+\sigma_{\beta_2}^2)}{B(4\sigma_\alpha^2+4\sigma_{\varepsilon_0}^2+\sigma_{\beta_1}^2+\sigma_{\beta_2}^2+\sigma_{\varepsilon_1}^2+\sigma_{\varepsilon_2}^2)+C(\sigma_{\beta_1}^2+\sigma_{\beta_2}^2+\sigma_{\varepsilon_1}^2+\sigma_{\varepsilon_2}^2)}\triangleq A_4 \tag{4-10}$$

$$E(R)=\bar{R}+\frac{a}{2}[b_1(\sigma_\alpha^2+\sigma_{\beta_1}^2)+b_2(\sigma_\alpha^2+\sigma_{\beta_2}^2)]\triangleq E_4 \tag{4-11}$$

(5) 以各部门信息为主结合企业信息的混合模式

高校和研究所为了适应技术的不断更新，对系统的振荡信息保持正常的通道变得不可缺少，即在分权的决策标准上也需加入一定程度的系统振荡因素。对于分权制的模式，在处理标准化的合约这一潮流下，构造这样一种模式：各部门分别以各自的立场尽力观察系统振荡信息，同时，根据添加有个别振荡内容的信息采取行动。在以企业和各自部门信息并重的混合模式中，利用关于系统振荡的共同信息。在此，则是把系统振荡的观察交给各个部门，但必须注意到各部门对观察的解释是不一致的。在当今网络技术的发展，如各种网站、电子数据库和电子邮件的使用，使各个部门从不同方向观察系统振荡成为可能，称这种模式为以各部门信息为主结合企业信息的混合模式。$\xi_i=\alpha+\varepsilon_0+\beta_i+\varepsilon_i$，$x_i=a(\alpha+\beta_i+\varepsilon_i)$。类似以各部门信息的分权模式的求解方法，可得

$$a=\frac{b_1(\sigma_\alpha^2+\sigma_{\beta_1}^2)+b_2(\sigma_\alpha^2+\sigma_{\beta_2}^2)}{B(4\sigma_\alpha^2+\sigma_{\beta_1}^2+\sigma_{\beta_2}^2+\sigma_{\varepsilon_1}^2+\sigma_{\varepsilon_2}^2)+C(\sigma_{\beta_1}^2+\sigma_{\beta_2}^2+\sigma_{\varepsilon_1}^2+\sigma_{\varepsilon_2}^2)}\triangleq A_5 \tag{4-12}$$

$$E(R)=\bar{R}+\frac{a}{2}[b_1(\sigma_\alpha^2+\sigma_{\beta_1}^2)+b_2(\sigma_\alpha^2+\sigma_{\beta_2}^2)]\triangleq E_5 \tag{4-13}$$

(6) 各部门观察企业信息的异化模式

作为以企业信息为主的同化模式的对立面，各部门观察同一个系统振荡，但各个部门都产生不同的误差，结果各部门得出的观察值不一样，称这种模式为各部门观察企业

信息的异化模式，即 $\xi_i=\alpha+\varepsilon_i$，$x_i=a(\alpha+\varepsilon_i)$。类似以各部门信息的分权模式的求解方法，可得

$$a=\frac{(b_1+b_2)\sigma_\alpha^2}{B(4\sigma_\alpha^2+\sigma_{\varepsilon_1}^2+\sigma_{\varepsilon_2}^2)+C(\sigma_{\varepsilon_1}^2+\sigma_{\varepsilon_2}^2)}\triangleq A_6 \tag{4-14}$$

$$E(R)=\bar{R}+\frac{a}{2}(b_1+b_2)\sigma_\alpha^2\triangleq E_6 \tag{4-15}$$

把以上 6 种基于信息的协调模式的特征和期望收益归纳为表 4-1。

表 4-1 产学研合作的信息决策模式和利用信息、决策标准及期望收益

模式	名称		
	高校和研究所利用的信息	决策标准	期望收益
传统的计划模式	0	0	E_1
以各部门信息的分权模式	$\beta_i+\varepsilon_i$	A_2	E_2
共享企业信息的同化模式	$\alpha+\varepsilon_0$	A_3	E_3
以企业和各自部门信息并重的混合模式	$\alpha+\varepsilon_0+\beta_i+\varepsilon_i$	A_4	E_4
以各部门信息为主结合企业信息的混合模式	$\alpha+\beta_i+\varepsilon_i$	A_5	E_5
以企业信息为主结合各部门观察误差信息的异化模式	$\alpha+\varepsilon_i$	A_6	E_6

4.2.2 各类协调模式效率的比较分析

协调模式效率即产学研中的高校和研究所进行期望收益最大化选择产学研内部的信息模式。上述 6 种形式的信息模式的效率由模型的参数决定，没有一个单一的信息模式会在任何场合和形式下都具有绝对优势。定义个别振荡

占系统振荡的比重为 $K \triangleq \frac{b_1\sigma_{\beta_1}^2 + b_2\sigma_{\beta_2}^2}{(b_1+b_2)\sigma_\alpha^2}$。

首先，在个别振荡占系统振荡比重极大的情形下，通过比较 $E_1 \sim E_6$ 数值的大小，得出 E_2 最大。说明不论高校和研究所是互补的还是竞争的，它们只根据自己的个别振荡的信息进行研发业务的分权模式都是有效率的；相反，如果个别振荡占系统振荡比重极小，则根据 $C-B>0$（即高校和研究所是互补的）或 $C-B<0$（即高校和研究所是竞争的）来进行判别，具体分析如下：

(1) $C-B>0$，即高校和研究所是互补的，通过比较 $E_1 \sim E_6$ 数值的大小，得出 E_3 最大。说明由于协调的重要性，以企业信息为主的同化模式具有较高的效率。随着个别振荡与系统振荡的比重从极小向小的方向演变，$E_3 < E_4$，说明以企业和各自部门信息相结合的混合模式具有更高的效率。

(2) $C-B<0$，即高校和研究所是竞争的，通过比较 $E_1 \sim E_6$ 数值的大小，得出 E_6 最大。说明由于竞争的作用，以企业信息为主结合各部门观察误差信息的异化模式具有较高的效率。随着个别振荡与系统振荡的比重从极小向小的方向演变，$E_6 < E_5$，说明以各部门信息为主结合企业信息的混合模式具有更高的效率。

其次，随着网络技术的发展及个人处理信息能力的提高，不论是个别振荡还是系统振荡，仅一方占绝对比重的情况越来越少。在这种情况下，以企业和各自部门信息相结合的混合模式以及以各部门信息为主结合企业信息的混合模式具有更高的效率。上述结果如图 4-2 所示。

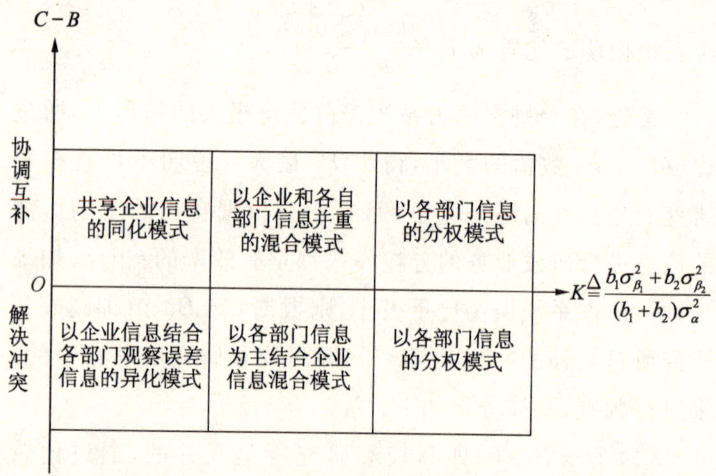

图 4-2　各种类型的协调模式效率

在图 4-2 中横轴为个别振荡与系统振荡之比 K，纵轴表示 C 与 B 的相对大小。图上的 O 点表示 $C=B$，横轴上方的区域为$C>B$，下方的区域为 $C<B$。在图 4-2 中，不同区域的不同信息决策模式的效率，随个别振荡与系统振荡之比 K、C 与 B 的相对大小的变动而变动。

4.3　产学研合作组织之间在不同合作网络互动水平下的交流方式协调均衡

假设产学研合作中的参与者为 $N=\{1,\cdots,n\}$位于一个无向网络 g 上的节点，参与者 i 和参与者 j 有边联结，表示 j 参与者是 i 的邻近参与者，每个参与者 i 都和他的邻近参与者参加交流协调博弈。s_i 代表参与者的策略，$s_i=\{\alpha,\beta\}$ 代表策略集合，如 α 代表口头交流，β 代表书面交流。参与

者 i 和参与者 j 之间不同交流协调方式的收益如下：

表 4-2　参与者 i 和参与者 j 之间不同交流协调方式的收益

i	j	
	α	β
α	u,u	x,y
β	y,x	v,v

要使表 4-2 的(α,α)和(β,β)采取同样沟通方式即成为纳什均衡，必须使上述参数满足如下条件：

$$u \geqslant y,\quad v \geqslant x \tag{4-16}$$

接着分析下面三个互动水平类型的产学研合作网络。这三个网络中存在多个团体，团体内的互动比团体间的互动强烈，具体如图 4-3 至图 4-5 所示。

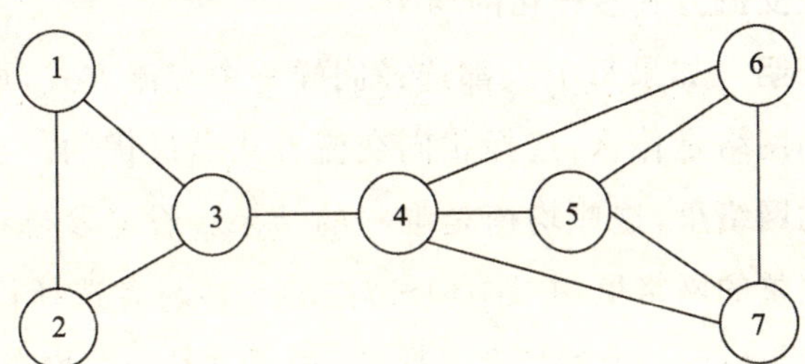

图 4-3　产学研合作网络互动水平 1

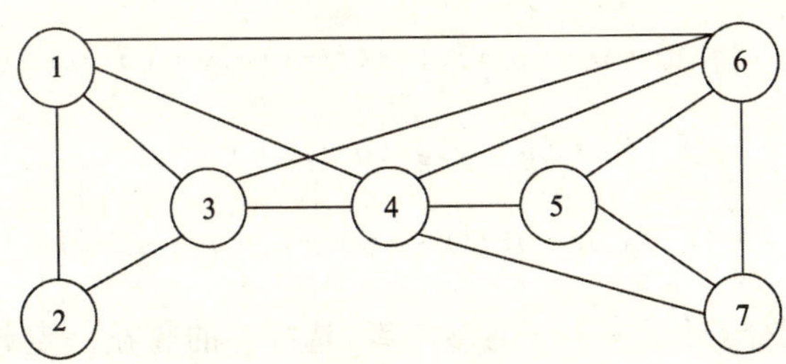

图 4-4　产学研合作网络互动水平 2

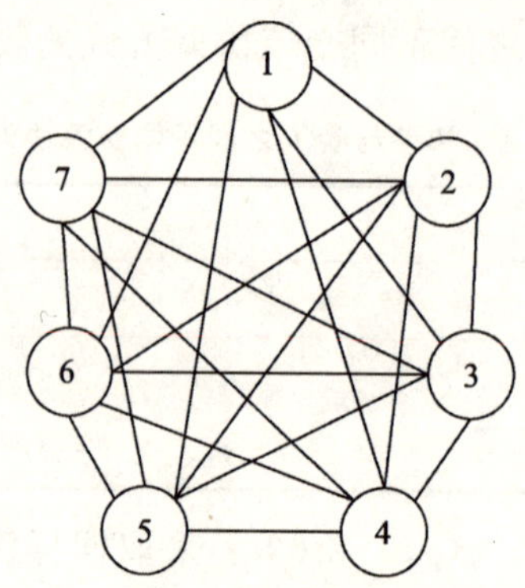

图 4-5　产学研合作完整网络水平

命题 4.1　对于每一个网络 g,每个参与者采取相同交流的策略组合都是一个纳什均衡。如果网络是完整的,那么这些是可能仅有的纳什均衡。如果网络不完整,那么可能存在交流方式多样化的均衡。

证明　如果每个人都选择同样一个交流方式,那么无论互动网络是什么,选择相同交流方式是最优的。在一个完整的网络里,这些均衡是唯一的结果。假定参与者处于一个完整的网络里,并且 $l(1\leqslant l\leqslant n)$ 个参与者选择行动 α,同时其他 $(n-l)$ 个参与者选择 β。由于这是一个均衡,对于一个 α 的参与者,选择 α 的收益一定超过选择 β 的收益:

$$(l-1)\cdot u+(n-l)x\geqslant(l-1)\cdot y+(n-l)v \quad (4\text{-}17)$$

$$(l-1)\cdot(u-y)\geqslant(n-l)\cdot(v-x) \quad (4\text{-}18)$$

$$l\times(u-y)-(n-l)\cdot(v-x)\geqslant(u-y)\geqslant 0 \quad (4\text{-}19)$$

同样,对于一个 β 的参与者,选择 β 的收益一定超过选择 α 的收益:

$$l \cdot y+(n-l-1)v \geqslant l \cdot u+(n-l-1)x \quad (4\text{-}20)$$

$$l \cdot (y-u) \geqslant (n-l-1) \cdot (x-v) \quad (4\text{-}21)$$

$$l \cdot (u-y)-(n-l) \cdot (v-x) \leqslant x-v \leqslant 0 \quad (4\text{-}22)$$

上面两个不等式(4-19)和(4-21)不能同时成立。因此,对于完全网络交流方式协调博弈,存在完全盲从的均衡。

假设一个由两个截然不同的分量 g_1 和 g_2 组成的网络,g_1 网络里面的参与者选择 α 而 g_2 网络里面参与者选择 β,很显然是一个均衡。当这些不同部分参与者之间存在一些联结的时候,这些不同部分的动因仍然存在。为了看出这一点,分析上面图形的案例。上面的图形 1、2、3 选择行动 α,同时 4、5、6、7 选择行动 β。很清楚,1、2 选择行动 α 是最优的,因为他们潜在的合作者都选择 α。而参与者 3 只要 $2u+x \geqslant 2y+v$ 就会选择 α,即 $u-y \geqslant \frac{v-x}{2}$ 参与者 3 就会选择 α。同样 5、6、7 选择 β 是最优的,同时,如果当 $3v+y \geqslant 3x+u$ 时即 $u-y \leqslant 3(v-x)$,参与者 4 就会选择 β。因此当 $\frac{v-x}{2} \leqslant u-y \leqslant 3(v-x)$ 时,参与者 3 会选择 α 和参与者 4 就会选择 β 的动因就会存在。

命题 4.2　对于每一个网络 g,每个参与者采取不同行动的策略组合都是一个纳什均衡。无论网络是完整的还是不完整的,都可能存在交流多样化的均衡。

如果要使 (α,β),(β,α) 采取互补的交流成为纳什均衡,必须使上述参数满足如下条件:

$$y \geqslant u, \quad x \geqslant v \tag{4-23}$$

假定参与者处于一个完整的网络里，并且 $l(1 \leqslant l \leqslant n)$ 个参与者选择行动 α，同时其他 $(n-l)$ 个参与者选择 β，因为这是一个均衡，对于一个 α 的参与者，选择 α 的收益一定超过选择 β 的收益：

$$(l-1) \cdot u+(n-l)x \geqslant (l-1) \cdot y+(n-l)v \tag{4-24}$$

$$(l-1) \cdot (u-y) \geqslant (n-l) \cdot (v-x) \tag{4-25}$$

$$l \cdot (u-y)-(n-l) \cdot (v-x) \geqslant (u-y) \tag{4-26}$$

同样，对于一个 β 的参与者，选择 β 的收益一定超过选择 α 的收益：

$$l \cdot y+(n-l-1)v \geqslant l \cdot u+(n-l-1)x \tag{4-27}$$

$$l \cdot (y-u) \geqslant (n-l-1) \cdot (x-v) \tag{4-28}$$

$$l \cdot (u-y)-(n-l) \cdot (v-x) \leqslant x-v \tag{4-29}$$

上面式(4-26)和式(4-29)两个不等式可以同时成立。

4.4 产学研合作组织初期阶段和演化过程中不同人员的交流方式协调均衡

不同产学研合作组织之间需要不同的交流方式，而不同交流方式下协调组合的均衡效果也不一样。不同合作网络的互动水平、与产学研合作组织演化过程中不同人员的交流方式及其变化，都会影响不同交流方式协调均衡的实现。

4.4.1 产学研合作组织初期不同人员的交流方式协调均衡

假设在产学研合作中，整个人员初期所面临的平均收益可表示如下：

表 4-3　产学研合作中整个人员初期所面临的平均收益

	α	β
α	u,u	x,y
β	y,x	v,v

表 4-3 中的平均收益是将各人的博弈收益进行加权平均得到的，假设表 4-3 的(β,β)即采取相同β沟通方式成为唯一的纳什均衡，必须使参数满足如下条件：

$$v\geqslant x,\quad y\geqslant u \tag{4-30}$$

如果$u>v$，那么产学研合作中整个人员在初期所面临的平均收益的博弈成为一种囚徒困境，其中β是支配策略。因此在产学研合作初期，每个人员通过随机组合实施此博弈，要保持均衡的条件是所有的人员要采取β策略。可以证明这是一个演化稳定均衡，从而在产学研合作初期采取β策略成为规范，称此阶段的产学研合作为 C 合作。

随着技术的发展和竞争的加剧，产学研合作环境发生了变化，用来作为策略博弈的加权概率发生变化，平均收益也随着时间发生变化，使$y\geqslant u$变为$u>y$，最终形成具有(α,α)和(β,β)两个相同交流方式的纳什均衡的调整博弈。但由于在 C 合作中受初期条件的制约，其他人员都采取β

策略，该人员的最佳反应只能是 β，所以即使产学研合作环境发生变化，最佳反应动力仍然是 β 这一策略结果。尽管纳什均衡 (α,α) 比 (β,β) 纳什均衡的结果好，但是由于产学研合作初期条件的影响，最佳反应动力的结果仍难以从帕累托劣势的结果中摆脱出来，这就是产学研合作体制演化的路径依赖性。它说明产学研合作环境演化过程的变化不一定带来最佳的交流方式。

4.4.2 产学研合作组织演化过程中不同人员交流方式的协调均衡

假设把表 4-3 中的 (β,β) 产学研交流合作称为 C 合作，把表 4-3 中的 (α,α) 产学研交流合作称为 A 合作，其中 $u>v$，并且这两个合作分别属于两个不同产学研合作组织内部采取交流方式的纳什均衡。如果 C 合作组织与 A 合作组织人员总数中，C 合作组织人员所占比例为 r，并将两个不同的产学研合作组织交流相遇的概率表示如表 4-4。

表 4-4 C 合作组织与 A 合作组织人员交流相遇的概率

	C	A
C	r	$m(1-r)$
A	mr	$(1-r)$

其中 m 表示 C 合作组织与 A 合作组织的融合程度参数，当 $m=0$ 时表示 C 合作组织与 A 合作组织完全隔绝，当 $m=1$ 时表示 C 合作组织与 A 合作组织完全融合。如果 C 合作组织中采取 α 策略人的比例为 p，A 合作组织中采取 α 策略人的比例为 q，那么根据表 4-3 和表 4-4 数据可知，在

C合作组织中采取α的期望收益为$rup+rx(1-p)+m(1-r)uq+m(1-r)x(1-q)$，根据式(4-30)和$u>v$可以推出$u>x$这是关于$p$的增函数；同样在C合作组织中采取$\beta$的期望收益为$rv(1-p)+ryp+m(1-r)yq+m(1-r)v(1-q)$，如果$v>y$这是关于$p$的减函数。在C合作组织中即使同时存在采取两种策略的人员，期望收益是相等的，但是如果p的值稍微大一些，采取α的期望收益就会大于β的期望收益，所以p值将不断增大。通过同样的分析，得到在A合作组织中采取α的期望收益为$(1-r)uq+(1-r)x(1-q)+mrup+mrx(1-p)$，这是关于$p$的增函数；同理在A合作组织中采取$\beta$的期望收益为$(1-r)v(1-q)+(1-r)yq+mryp+mrv(1-p)$，这是关于$p$的减函数。所以可以得出：分别在C合作组织中和A合作组织中，存在同时采取两种策略时的均衡不是演化稳定策略均衡。因此，两个产学研合作组织的全部人员均采取α策略和β策略的均衡组合为4个，C合作组织采取α策略和A合作组织β策略的组合简称为(α,β)均衡，其他3个分别为(β,α)，(β,β)和(α,α)均衡。

在C合作组织和A合作组织中初期阶段的交流方式分别为α和β，即(α,β)均衡的情况下，对于C合作组织β策略成为最佳反应的条件如下：

$$rv+m(1-r)y \geqslant rx+m(1-r)u \tag{4-31}$$

从而可以得到

$$m \leqslant \frac{r(v-x)}{(1-r)(u-y)} \tag{4-32}$$

同理，对于A合作组织α策略成为最佳反应的条件如下：

$$(1-r)u+mrx \geqslant (1-r)y+mrv \tag{4-33}$$

从而可以得到

$$m \leqslant \frac{(1-r)(u-y)}{r(v-x)} \tag{4-34}$$

根据式(4-16)和$u \geqslant v$，可以假定$u=5$，$v=3$，$x=2$和$y=1$，由式(4-32)和式(4-34)得到$m \leqslant \frac{r}{(1-r)4}$和$m \leqslant \frac{(1-r)4}{r}$，从而可以绘制出图4-6。

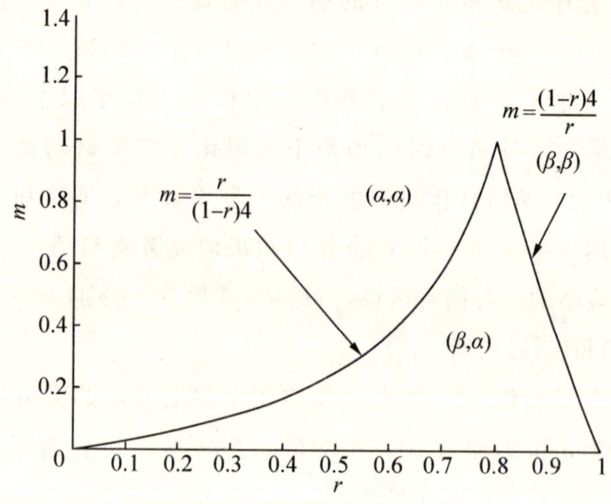

图4-6　C合作组织与A合作组织人员交流演化的各种均衡

在图4-6的区域中可能存在均衡(β,α)。当$r<\frac{4}{5}$时，两个产学研C组织和A组织的交流程度m从0逐渐增大并接近1的最佳反应动力如下：在C合作组织里使β成为

最佳反应的条件已不成立,C 合作组织中采取 α 的人员缓慢增加,α 与 β 同时存在;与此相对应在 A 合作组织中 α 仍为最佳反应,故而 A 合作组织中的传统没有变化,其结果是最终两个产学研合作组织都向服从 α 的均衡过渡,即当比例小的 C 合作组织与比例大 A 合作组织交流时,C 合作组织的交流习惯发生变化。当 $r>\frac{4}{5}$时,则两个产学研合作组织均向服从于 β 的均衡过渡。

因此可以得出:当受产学研合作历史初期条件规定而形成不同交流习惯的两个产学研合作组织交流时,具有形成更佳交流习惯的可能性。这虽然是假设在 A 产学研合作组织中存在帕累托最优交流习惯得到的结果,但是通过上述模型可以得出,两个存在非效率交流习惯的产学研合作组织通过交流,也可达到效率性均衡。另外,比例小的产学研合作组织的交流习惯并不总是被比例大的产学研合作组织的交流习惯吸收、同化,只要 r 不至于过大,大的产学研合作组织的交流习惯也将发生变化,两个产学研合作组织均可达到帕累托均衡。

4.5　本章小结

产学研信息决策协调模式的多样化是现实经济中产学研合作的一种普遍现象。本章在前人对产学研合作研究的基础上,通过引入竞争和互补、系统振荡和个别振荡、各部门的观察误差等参数,构建了产学研主体总的收益函数,围绕着高校和研究所可以利用的不同信息,采取线型的决策标准下的活动水准，最终得到以下结论：

产学研协调模式取决于个别振荡与系统振荡之比，两部门是竞争和互补的。在个别振荡与系统振荡之比相当大的情况下，各部门信息的分权模式比较有效率；在个别振荡与系统振荡之比相当小的情况下，共享企业信息的同化模式在高校和研究所是互补的条件下比较有效率。以企业信息为主，结合各部门观察误差信息的异化模式，在高校和研究所是竞争条件下比较有效率；在个别振荡与系统振荡之比相当的情况下，以企业和各自部门信息并重的混合模式在互补条件下有效率，以各部门信息为主结合企业信息的混合模式在竞争的情况下有效率。此外，产学研活动的期望收益不仅仅依赖于基于信息的各种协调模式，而是与社会中的其他制度相互交织存在，尤其重要的是与政府鼓励采用何种技术相关。

产学研合作组织之间交流方式的多样化是现实经济中产学研合作组织之间的一种普遍现象。本书在构造产学研合作博弈收益表的基础上，通过分析不同产学研合作组织网络的互动水平和不同产学研合作组织人员交流方式的协调，最终得到以下结论：对于任意一个产学研合作互动网络，在每个网络内部，参与者采取相同交流的策略组合都是一个纳什均衡的条件下，如果网络是完整的，那么这些是可能仅有的纳什均衡；如果网络不完整，那么可能存在交流方式多样化的均衡。而对于任意一个产学研合作互动网络，在每个网络内部参与者采取不同交流的策略组合都是纳什均衡的条件下，无论网络是完整还是不完整的，都可能存在交流多样化的均衡。同时，产学研合作初期阶段中,不同人员交流方式的囚徒困境的均衡是难以通过内部协调交流方式走出困境的,但是可以通过协调产学研合作组织中不同人员的交流方式，从而达到帕累托均衡。

第 5 章　产学研合作中基于共性技术扩散与吸收的创新网络同步研究

5.1　以企业需求为中心的创新网络

创新网络是以企业的需求为出发点，以共性技术的扩散和吸收为背景进行研究的。本章主要基于共性技术的扩散和吸收效果来判断以企业为中心的创新网络如何有效地达到同步状态。

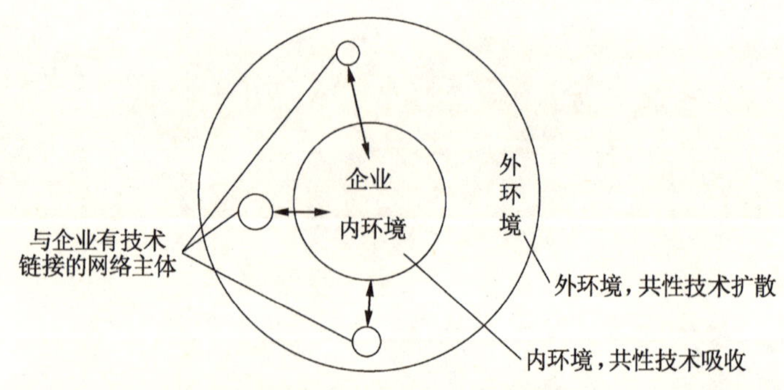

图 5-1　以企业需求为中心的创新网络

由图 5-1 可以看出，共性技术扩散主导外环境，共性技术吸收主导内环境，内外环境的和谐与稳定是创新网络同步的先决条件。此外，外环境虽然以共性技术的扩散为主，但内环境的吸收过程是否有效决定外环境技术扩散是否得以最终实现。因此从严格的意义上说，共性技术的扩散过程包括了其吸收过程，但是为了在共性技术得以运用过程中，能更好地分析创新网络同步的有效性和可研究性，下面对共性技术扩散和吸收分别进行分析。

5.2　基于共性技术扩散的创新网络同步模型

5.2.1　共性技术扩散与创新网络同步的关系

共性技术信息在创新网络中扩散，首先网络中各主体是相互独立的，对于创新中各主体来说，技术信息的扩散方向不存在稳定性，再加上共性技术的基础特性，共性技术信息在研发网络的多个主体中呈网状扩散，如图 5-2 所示。但是，在同一时刻，对于两个独立扩散主体来说，共性技术扩散的方向是有序的且是单向的，如图 5-3 所示。

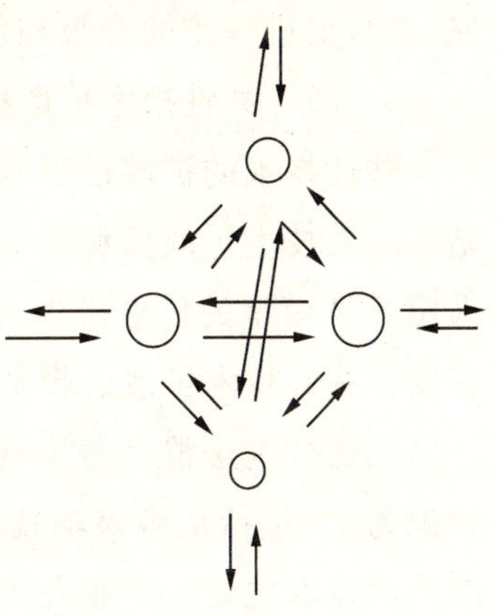

图 5-2　共性技术源在研发网络中呈网状扩散

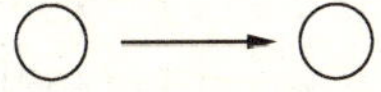

图 5-3　同一时刻独立主体间的单向扩散

在共性技术的研发网络中，研发机构将技术信息扩散或转移到企业或中介机构，也就是说，对于共性技术而言，企业或中介一般都是从外界获取技术信息，这主要是由共性技术的公共性质以及研发成本高所决定的。此外，共性技术的基础性质决定了其接受者众多，因此共性技术涉及的机构总量或人员总量不是常量，而通常是随时间变化的变量。

在共性技术信息不断扩散及接受者不断集成技术信息的过程中，各主体之间以及各主体内部都在进行共性技术的扩散和转移，直至此项技术沉淀于各主体中，即各主体将退出这项技术的需求系统，重新迎来新一轮技术信息的集成，进行更进一步的升级和创新。

5.2.2 共性技术扩散模型描述

共性技术的扩散过程与 SIR 模型十分相似，本书在总结了前人技术扩散模型与 SIR 模型的结合运用的基础上，采用 SIR 模型的传播机理，描述和分析共性技术的扩散过程以及共性技术扩散后带来的影响。

共性技术是整个研发网络的技术扩散源，主要以隐性知识为主，包括从事该项技术的经验、技能以及诀窍等，因此共性技术主要是专业人才充当媒介进行扩散或转移。也就是说，共性技术的扩散受到专业人才分布、技术接受者的承受能力以及共性技术的转移程度等因素的影响。

此外，共性技术在研发网络中不断进行扩散和转移。当该项技术在研发网络中达到一定的饱和状态时，则这项共性技术将处于一个平衡和同步的状态，构成了整个研发网络一个动态平台和一个技术反馈的研究基础，将更加有利于研发网络的进一步发展和系统升级。

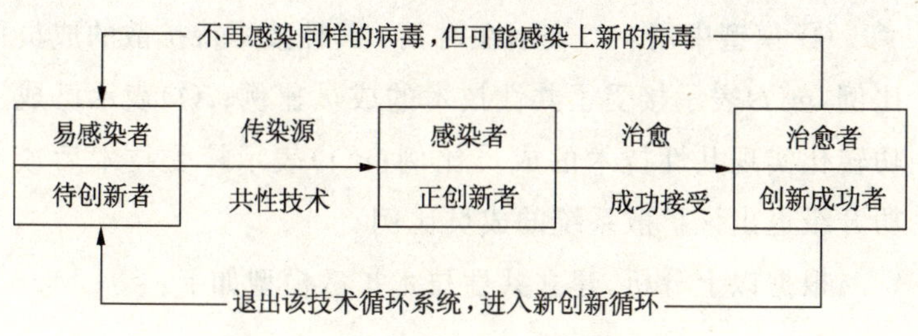

图 5-4　技术扩散原理与 SIR 模型的对比

(1) 共性技术扩散模型的构建

根据共性技术扩散与 SIR 模型的相似点，从共性技术研发网络的角度出发建立共性技术扩散的模型，同时，该模型的建立是在以下说明和假设的基础上进行的：

① 共性技术扩散模型以共性技术的创新网络为基础，即包括高校、科研院所等科研机构、中介、企业、政府等，共性技术在创新网络各主体之间扩散，但是由于各主体间相互独立，所以在同一时刻 t，对于单个主体来说，技术扩散的方向呈单一性。

② 在一定的产业区域范围内，由于共性技术的不断创新与升级，会导致共性技术扩散系统中各成员的总数不断变化，用 $N(t)$ 表示，表示在 t 时刻产业区域内扩散系统中的成员总量。

③ 在此模型中，本书还考虑到边缘企业的存在，即创新水平暂时不够，不能成功转化新技术，但是经过整合后重新进入到扩散系统的一类成员，一般是指距共性技术源较远的远程机构或新技术接受失败的一类机构，用 Y 表示。$y(t)$ 表示 t 时刻该类机构的比例，$Y(t)$ 表示 t 时刻该类机构的成员数。

④ 模型中用 $s(t)$表示在时刻 t 共性技术待扩散的成员比例，$m(t)$表示接受了共性技术的成员比例；$i(t)$表示已成功转化实现共性技术的成员比例；$r(t)$表示接受技术后成功升级退出该扩散系统的成员比例。

根据以上分析，建立共性技术扩散模型如下：

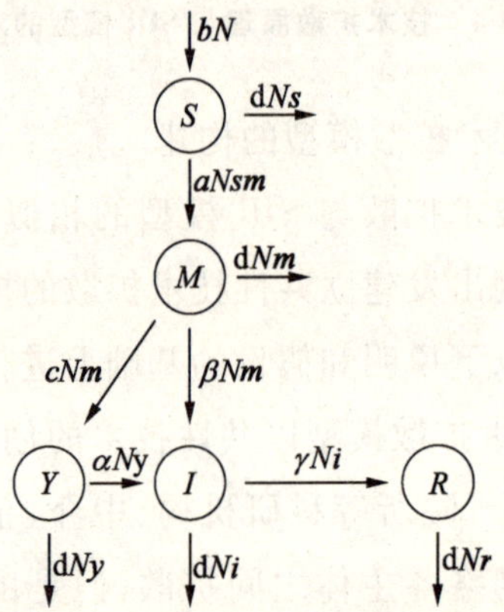

图 5-5　共性技术扩散模型基础图

根据图 5-5 有以下方程组成立：

$$
\begin{cases}
\dfrac{\mathrm{d}s}{\mathrm{d}t}=b-(d+as)m \\[2ex]
\dfrac{\mathrm{d}m}{\mathrm{d}t}=asm-(d+c+\beta)m \\[2ex]
\dfrac{\mathrm{d}i}{\mathrm{d}t}=\beta m+\alpha y-(d+\gamma)i \\[2ex]
\dfrac{\mathrm{d}y}{\mathrm{d}t}=cm-(d+\alpha)y \\[2ex]
\dfrac{\mathrm{d}r}{\mathrm{d}t}=\gamma i-dr
\end{cases}
\tag{5-1}
$$

其中有 $s(t)+m(t)+i(t)+r(t)=1$，$S(t)+M(t)+I(t)+R(t)=N(t)$成立。

在上述模型中，b 代表新的机构进入技术扩散系统的比率；d 表示机构的破产率，因为在 SMYIR 五类成员机构形成的扩散网络中，机构破产的现象也会影响到整个共性技术扩散系统的稳定性和有效性，所以在模型中予以考虑；a 表示接受共性技术的成员比率；c 表示未成功将共性技术进行转化的成员比率；β 表示共性技术的成功扩散率；α 表示未成功转化技术的成员经过调整后的成功转化率；γ 表示机构成功接收新技术升级后顺利退出扩散系统的比率，即共性技术的创新率。$S(t)$，$M(t)$，$I(t)$，$R(t)$分别表示 t 时刻上述不同类成员的数量。

(2) 阈值 T 的计算

共性技术扩散模型中阈值 T 是判别共性技术应用影响的重要数值。本书根据 Carlos 总结的理论依据和数学模型对共性技术扩散模型的阈值进行计算。

在共性技术扩散模型中，M 和 Y 类成员处于消极扩散状态，I 类成员处于积极扩散状态，而 S 和 R 以及破产状态 D 处于反射状态，令状态集合 $\Phi_1=\{S,R,D\}$，$\Phi_2=\{M,Y,I\}$，则整个共性技术扩散过程由状态 $\Phi_1(S\subset\Phi_1)$转移到 Φ_2，再回到状态 $\Phi_1(D\subset\Phi_1)$，这个过程可以看为一个扩散周期，根据方程组(5-1)，可以得到如下的扩散矩阵 $\boldsymbol{P}$：

$$\boldsymbol{P}=\begin{bmatrix} 0 & \frac{c}{c+\beta+\mathrm{d}} & \frac{\beta}{c+\beta+\mathrm{d}} & \frac{\mathrm{d}}{c+\beta+\mathrm{d}} \\ 0 & 0 & \frac{\alpha}{\alpha+\mathrm{d}} & \frac{\mathrm{d}}{\alpha+\mathrm{d}} \\ 0 & 0 & 0 & 1 \\ 1 & 0 & 0 & 0 \end{bmatrix} \tag{5-2}$$

经过计算得到

$$\Pi=\mathrm{I}(\boldsymbol{P}+\boldsymbol{\Lambda}-\boldsymbol{E})^{-1}=\begin{bmatrix} 0 & \frac{c}{c+\beta+\mathrm{d}} & \frac{\beta}{c+\beta+\mathrm{d}} & \frac{\mathrm{d}}{c+\beta+\mathrm{d}} \\ 0 & 0 & \frac{\alpha}{\alpha+\mathrm{d}} & \frac{\mathrm{d}}{\alpha+\mathrm{d}} \\ 0 & 0 & 0 & 1 \\ 1 & 0 & 0 & 0 \end{bmatrix} \tag{5-3}$$

得到 $\Pi=\{\varepsilon_{\mathrm{M}},\varepsilon_{\mathrm{Y}},\varepsilon_{\mathrm{I}},\varepsilon_{\Phi_1}\}$，其中，

$$\varepsilon_{\mathrm{M}}=\frac{4(\alpha+\mathrm{d})(c+\beta+\mathrm{d})}{|\boldsymbol{P}|},\varepsilon_{\mathrm{Y}}=\frac{4(\alpha+\mathrm{d})c}{|\boldsymbol{P}|},$$

$$\varepsilon_{\mathrm{I}}=\frac{4(\beta\mathrm{d}+\alpha\beta+c\mathrm{d})}{|\boldsymbol{P}|},\varepsilon_{\Phi_1}=\frac{4(\alpha+\mathrm{d})(c+\beta+\mathrm{d})}{|\boldsymbol{P}|}$$

在共性技术扩散模型的研究中，不考虑大企业的衍生子公司，即 $k_i=0$，新进入机构在整个产业中的各个方面都处于新的状态，接受共性技术的条件尚未成熟，因此 $\zeta_i=0$。由此可以得到：$T=\sum_{i\in Z}\delta_i\left(\frac{\varepsilon_i}{\varepsilon_{\Phi_1}\chi_i}\right)$，I 类成员处于积极扩散状态，即 $I\subset Z$，所以阈值为

$$T=\gamma\frac{(\beta\mathrm{d}+\alpha\beta+c\mathrm{d})}{(\alpha+\mathrm{d})(c+\beta+\mathrm{d})(\gamma+\mathrm{d})} \tag{5-4}$$

其中 $\delta_i=\gamma$。

由共性技术扩散的阈值 T 的表达式可以看出，创新网络的外环境同步主要受到共性技术的创新率 γ、共性技术的成功扩散率 β、创新网络内各主体的破产率 d、机构重新调整后的成功转化率 α、未成功转化共性技术创新的机构比率 c 这五个要素的影响。

5.2.3　创新网络结点与共性技术扩散影响因素的关系分析

阈值 T 是判别共性技术的扩散是否达到稳定期的重要指标。一般而言，$T>1$ 时，说明共性技术的扩散不稳定，扩散范围将继续扩大，还可能存在部分企业没能参与共性技术的扩散活动；$T<1$时，则说明共性技术扩散状态稳定，需求产业或区域都已经参与了共性技术的扩散活动，也已经开始准备对共性技术进行吸收，此时，创新网络的外环境对共性技术的接触已经达到一致和稳定，即外环境的同步状态。

由于对创新网络同步的情况进行研究，所以主要通过对阈值 $T<1$ 的情况进行解析来分析共性技术扩散如何影响创新网络的同步。

$$T=\gamma\frac{(\beta d+\alpha\beta+cd)}{(\alpha+d)(c+\beta+d)(\gamma+d)}<1 \qquad (5\text{-}5)$$

即 $\gamma(\beta d+\alpha\beta+cd)<(\alpha+d)(c+\beta+d)(\gamma+d)$。

当创新网络中的机构破产率 $d=0$ 时，即技术需求区域不考虑机构破产，此时当 $\alpha c>1$ 时，共性技术扩散达到平衡。也就是说，当不考虑机构的破产率时，首次未能成功接受共性技术的机构比率 c 与其重新调整后对共性技术的成功转化率 α 两个因素对共性技术扩散的稳定影响最大。c 不断减小意味着创新网络中共性技术的接受机构的能力不断增强，也就表明创新网络中各主体对共性技术的适应性增强，同时也说明共性技术的成功扩散率 β 逐渐增大。当 $c \to 0$ 时，共性技术的扩散体系如图 5-6 所示。

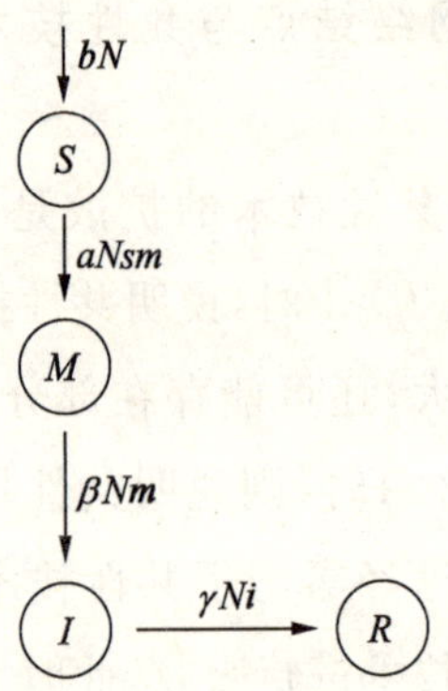

图 5-6　$d=0, c \to 0$ 时共性技术的扩散体系

所以此时的共性技术扩散体系变得更为简单，而且共性技术的扩散效率也大大加强。但是，在实际的共性技术扩散的创新网络中，机构的破产率会影响到整个共性技术扩散系统的稳定性和有效性，所以 $d \neq 0$ 的情况对创新网络同步的研究更有意义。为了让共性技术扩散达到稳定状态，即让 $T<1$，需要尽量减小 T，根据 T 的表达式，主要从以下几方面对 T 的值进行考虑：

（1）减小 c，即降低未成功转化共性技术创新的机构比率 c。c 是在由 M 类机构向 Y 类机构转化过程中产生的，降低 c 的实质就是提高共性技术的扩散率 β，这主要从两方面着手，一方面要提高共性技术接收机构的技术素质，加强共性技术创新与自身的链接和结合；另一方面是减小技术势能差，边缘企业应该尽量接近技术源，减少技术扩散中的摩擦，使原有技术更为完善地进入需求循环。

(2) 增大 α，即加强机构重新调整后的成功转化率。α 是Y类机构成功向I类机构转化的概率，也是M类机构转化的最终方向。Y类机构是从M类机构中隔离出来的，主要是因为技术源的远程机构或自身条件不够而导致技术创新失败的机构。提高 α，实质上是提高Y类机构共性技术创新的转化能力，对于远程机构来说，主要是技术势能差的问题，跟上述减小 c 的理由类似，此外还要加大跟技术源头企业的交流和配合；自身条件不够而导致技术创新失败的机构主要是两方面的原因，即资金和风险，这类机构多属于中小企业，本身在很大程度上依赖大企业，平时做的工作大都是大企业分包出来的，要想完全接受共性技术创新几乎不可能，因此对于此类机构，提高 α 应该从自身的特色出发，然后慢慢发展多元化，逐一提高自身技术素质，多与区域内的大公司进行合作，慢中有进地实现向I类机构转化。

(3) 减小 d，即降低机构的破产率。在接受一项新的技术时，常常会有引起需求机构破产的风险，尤其是像共性技术这类基础性技术，一旦引进将相当于要从根本上改善原有技术和企业生产，从而引发的破产率也相应提高了。共性技术是公共性质的技术，虽然研发的成本大多由政府承担，但是引进共性技术创新时，需求机构也会出现很大的成本负担，再加上本身技术素质有限的话，破产的概率很大，从而严重地阻碍了共性技术创新的扩散。因此，降低破产

率 d 首先需要降低需求机构的融资困难，在这一点上主要归咎于政府的参与程度。因为企业的融资渠道基本来源于银行，融资渠道窄，因此政府在推行共性技术的同时，也要加大产业服务体系的建设，为企业融资提供必要的担保，克服企业的信息不对称，积极推动中小型企业信用体系建设。此外，需求企业要加强自身的管理，特别是财务管理和长远规划，争取尽可能的融资机会。

(4) 提高 γ。γ 是机构成功接收新技术升级后顺利退出扩散系统的比率，即共性技术的创新率。顺利升级提高技术平台是共性技术推行和扩散的最终方向，γ 的提高意味着共性技术创新的意义得到了体现，也是需求机构自身实力的体现，更是一个产业或一个地区综合素质提高的体现。因此，γ 是政府与需求机构政策和能力的综合体现，提高 γ 不仅需要政府的积极参与，也需要需求企业之间的良好交流、配合以及需求企业对自身技术素质提高的积极性，如高科技人才的引进、员工的培训等等。

可见，共性技术扩散影响创新网络同步的实质是共性技术扩散的影响因素对创新网络同步的限制，因此以创新网络内主要技术需求机构（即企业）为中心，外环境的共性技术扩散对创新网络同步的影响可以图 5-7 来表示：

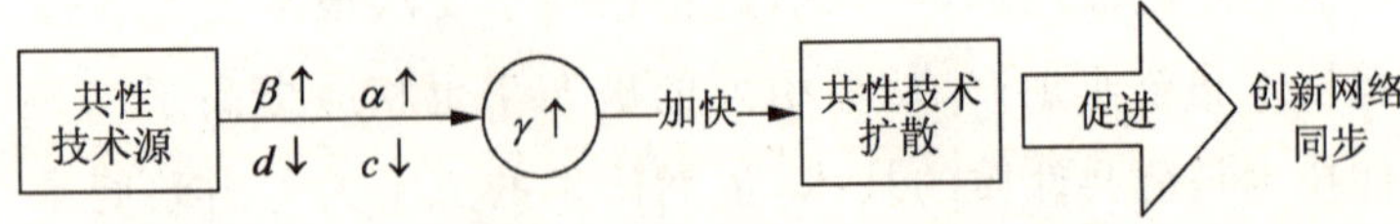

图 5-7 基于共性技术扩散的创新网络同步模型

5.3　基于共性技术吸收的创新网络同步模型

5.3.1　共性技术吸收与创新网络同步的关系

共性技术的吸收是创新网络同步的决定性阶段。技术需求方对共性技术的吸收效率直接体现共性技术研发的最终意义,吸收效率越高,整个创新网络的技术基础就会升级得更快。但是,由于共性技术吸收影响要素的存在,不同的技术需求方对技术的吸收程度是不一样的,从而使得整个共性技术创新网络的技术分布参差不齐,并且创新网络技术平台的高低又总是取决于技术吸收效率最低的主体,就像木桶的容量往往取决于最短的木板一样。所以,增强创新网络内各个主体的技术吸收能力和技术吸收效率是创新网络最终同步的关键。

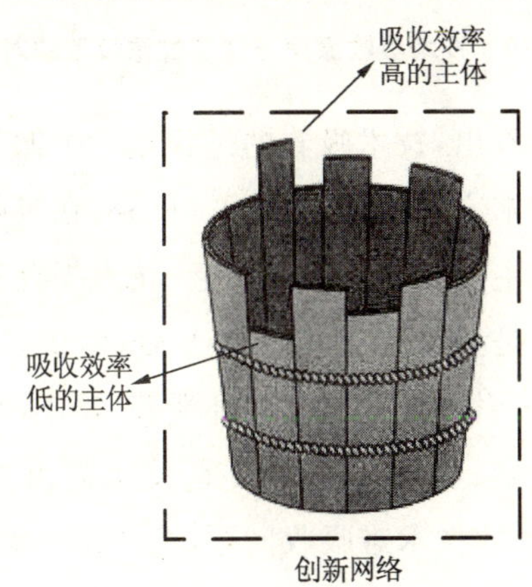

图 5-8　创新网络技术吸收的“木桶效应”

5.3.2　共性技术吸收的模型描述

烟雾过滤原理与技术吸收的原理相似。烟雾过滤问题是针对减少吸烟危害提出来的,当香烟点燃,烟内的毒素便会随着烟雾一部分进入空气，一部分穿过未点燃烟草和过滤器进入人体，在燃烧完整根烟直至过滤器处时，进入人体的毒素量就是人体吸收一根烟的毒素量。技术吸收的过程与人体吸收香烟毒素的过程对比如下：

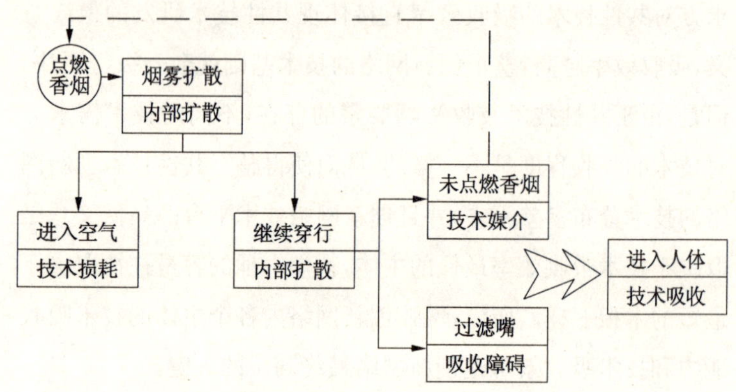

图 5-9　技术吸收原理与烟雾过滤模型的对比

由上可以看出，技术吸收的过程是一个循环的过程，而且是在技术需求方主体内部进行。此外，在吸收过程中，技术信息的流失主要由两大原因引起：技术损耗和技术障碍。技术损耗主要是技术在进入需求方后，由于扩散引起的信息渗透，如人员引起技术信息的外泄等，这不由技术需求方的接受能力决定；技术障碍主要是技术需求方的设备、资源、人力等导致的技术难吸收问题，这些是由需求方的技术吸收能力决定的。因此，技术障碍是决定技术吸收效率高低的重要指标，虽然技术损耗难以避免，但是技术障碍的决定性远远高于技术损耗。

(1) 共性技术吸收模型的假设与说明

可以建立共性技术吸收模型，跟烟雾过滤模型不同的是，本节的目的在于提高技术需求方内部共性技术的吸收量 Q。考虑到建模的方便性和可分析性，建立共性技术吸收模型的假设如下：

① 技术媒介和技术吸收障碍的长度分别为 L_1 和 L_2，技术吸收段的总长度为 L，且有 $L=L_1+L_2$；

② 共性技术信息在被需求方吸收前的初始量为 Q_0，且均匀分布在信息媒介中，密度为 ω_0，$\omega_0=\dfrac{Q_0}{L_1}$；

③ 共性技术信息损耗和随技术载体流扩散的比例为 σ' 和 σ，且 $\sigma'+\sigma=1$；

④ 技术媒介和技术吸收障碍在单位时间内对技术信息的吸收比例分别为 λ 和 μ；假设技术载体流沿技术媒介扩散的速度为常数 ν，而技术载体流损耗的速度为常数 υ，且 $\nu \gg \upsilon$。

(2) 共性技术吸收模型的构建

假设在初始时刻 $t=0$ 时，在 $x=0$ 处，共性技术信息开始随着载体流进入需求方主体内部，需求方对共性技术的吸收量 Q 主要由技术信息载体流携带的技术信息量确定，而技术信息量的大小又与单位信息载体流中信息含量(即信息密度)有关。因此，为更好地分析模型，先确定以下几个函数：

① $q(x,t)$表示在时刻 t 单位时间内技术信息随载体流通过技术媒介截面 x 处的数量，其中 $0\leqslant x\leqslant L$；

② $\rho(x,t)$表示时刻 t 在 x 处信息载体流中技术信息量的线密度，即单位长度信息载体流中的信息量，且 $q(x,t)=\nu\rho(x,t)$；

③ $\omega(x,t)$表示时刻 t 在 x 处技术媒介中技术信息量的线密度，即单位长度技术媒介中的信息量，且 $\omega(x,0)=\omega_0$。

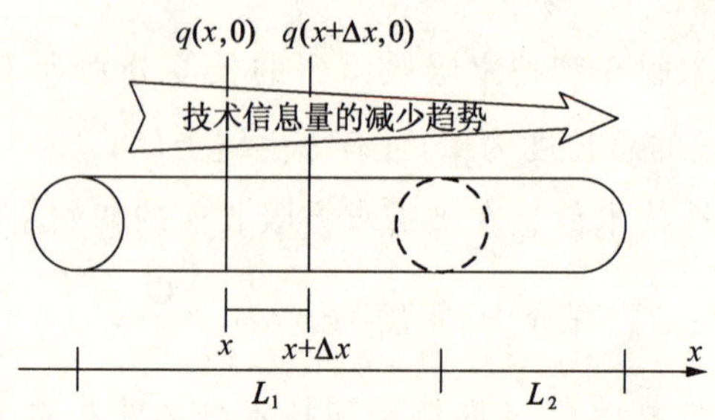

图 5-10　共性技术吸收的概念模型图

根据函数 $q(x,t)$可以知道，时刻 t 单位时间内技术信息随载体流通过技术媒介截面 $x=L$ 处的数量为 $q(L,t)$，根据图 5-10 的概念模型以及定积分的原理可以得出，当所有共性技术到达需求方内部后，能够真正为需求方所吸收的技术信息量 Q 的表达式：

$$Q=\int_0^T q(L,t)\mathrm{d}t \tag{5-6}$$

其中 $T=\dfrac{L_1}{v}$。

(3) 共性技术吸收模型的求解

共性技术的吸收过程是一个重复的过程，技术信息由于被信息媒介和信息载体流携带，总会带来一定的信息损耗。求解 Q，首先要求解 $q(L,t)$，因此必须从求 $q(x,t)$着手。首先假设共性技术从 $x=0,t=0$ 处开始扩散进入需求方内部，且扩散点不动，则此时单位时间内技术信息随载体流通过技术媒介截面 x 处的数量为 $q(x,0)$。

考虑从 x 到 $x+\Delta x$ 的一段载体流，且 Δx 足够小，根据概念模型可以得到 $q(x,0)$ 与 $q(x+\Delta x,0)$ 之差就是共性技术开始扩散后，技术信息随载体流沿技术媒介穿行至需求方内部时，被技术媒介和技术障碍吸收的信息量，可以得出

$$q(x,0)-q(x+\Delta x,0)=\begin{cases}\lambda\int_{x}^{x+\Delta x}\rho(x,0)\mathrm{d}x, & 0\leqslant x\leqslant L_1\\ \mu\int_{x}^{x+\Delta x}\rho(x,0)\mathrm{d}x, & L_1\leqslant x\leqslant L\end{cases}\tag{5-7}$$

令 $\Delta x\to 0$，又有 $q(x,t)=\nu\rho(x,t)$，所以根据式(5-7)可以得到

$$\frac{\mathrm{d}q}{\mathrm{d}x}=\begin{cases}-\frac{\lambda}{\nu}q(x,0), & 0\leqslant x\leqslant L_1\\ -\frac{\mu}{\nu}q(x,0), & L_1\leqslant x\leqslant L\end{cases}\tag{5-8}$$

若 $x=0,t=0$ 时，共性技术开始扩散，载体流携带的信息量为 H_0，且 $H_0=\upsilon\omega_0$。由此可以得到

$$q(0,0)=\sigma H_0=\sigma\upsilon\omega_0\tag{5-9}$$

对式(5-9)两边求积分，再根据式(5-9)可以得到以下结果：

$$q(x,0)=\begin{cases}\sigma H_0\mathrm{e}^{-\frac{\lambda x}{\nu}}, & 0\leqslant x\leqslant L_1\\ \sigma H_0\mathrm{e}^{-\frac{\lambda L_1}{\nu}-\frac{\mu(x-L_1)}{\nu}}, & L_1\leqslant x\leqslant L\end{cases}\tag{5-10}$$

$q(x,0)$在 $x=L_1$ 处连续。

在上述式子的基础上，再考虑共性技术吸收过程中任

意时刻 t，即 $x=\upsilon t$ 时，共性技术信息扩散进入需求方内部时，信息媒介在一瞬间释放的信息量等于技术载体流中的信息量，由于时间很短暂，因此不考虑信息流失。此时载体流携带的信息量 $H(x,t)$ 为

$$H(x,t)=\upsilon\omega(x,t)=\upsilon\omega(\upsilon t,t) \tag{5-11}$$

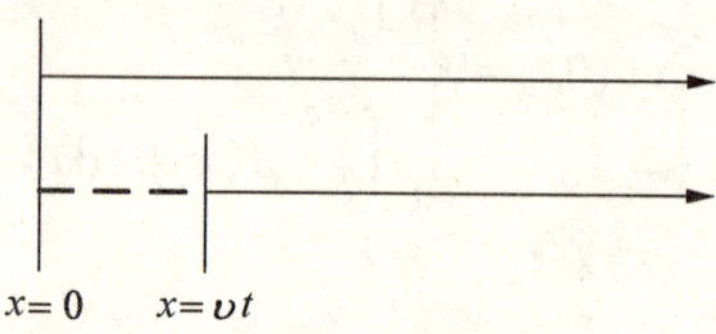

图 5-11　技术扩散过程简化图

根据图 5-11，将 x 轴的坐标原点 $x=0$ 移至 $x=\upsilon t$ 处，再依据公式(5-10)，可以得到

$$q(x,t)=\begin{cases}\sigma H(x,t)\mathrm{e}^{-\frac{\lambda(x-\upsilon t)}{\nu}}, & \upsilon t\leqslant x\leqslant L_1\\ \sigma H(x,t)\mathrm{e}^{-\frac{\lambda(L_1-\upsilon t)}{\nu}-\frac{\mu(x-L_1)}{\nu}}, & L_1\leqslant x\leqslant L\end{cases} \tag{5-12}$$

所以有

$$q(L,t)=\sigma\upsilon\omega(\upsilon t,t)\mathrm{e}^{-\frac{\lambda(L_1-\upsilon t)}{\nu}-\frac{\mu L_2}{\nu}} \tag{5-13}$$

在得出了 $q(L,t)$ 的表达式以后，接下来就是要得到 $\omega(\upsilon t,t)$ 的表达式。由过滤嘴的原理可以推出，由于共性技术信息随载体流在不断扩散和传送至需求方内部的同时，也会不断地被技术媒介所吸收，实质上是技术信息巩固和深化的一个过程。因此，技术信息在技术媒介中的密度会不断增加，考虑技术媒介 x 处在 Δt 时间内的技术信息密度的增加量应该等于单位长度技术载体流中被技术媒介吸收

的技术含量，如图5-12。

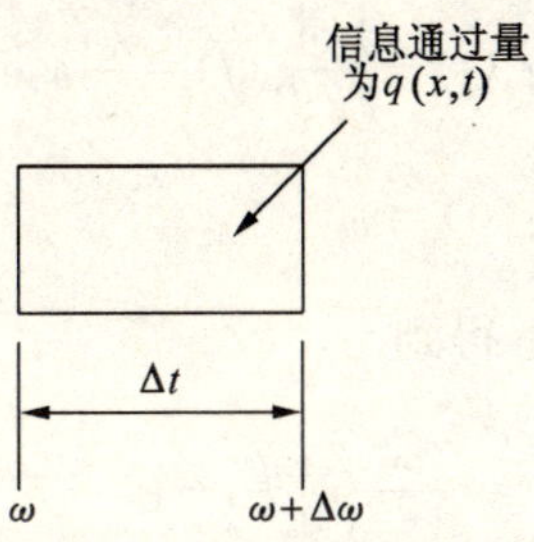

图5-12　技术媒介截面 x 处 Δt、$\Delta\omega$ 与 $q(x,t)$ 的关系图

因此，可得

$$\omega(x,t+\Delta t)-\omega(x,t)=\lambda\frac{q(x,t)}{\nu}\Delta t \tag{5-14}$$

令 $\Delta t\to 0$，则有

$$\frac{\partial\omega}{\partial t}=\frac{\lambda\sigma H(x,t)\mathrm{e}^{-\frac{\lambda(x-\upsilon t)}{\nu}}}{\nu}=\frac{\lambda\sigma\upsilon\omega(\upsilon t,t)\mathrm{e}^{-\frac{\lambda(x-\upsilon t)}{\nu}}}{\nu}(\text{信息媒介 } x\leqslant L_1) \tag{5-15}$$

因为 $\omega(x,0)=\omega_0$，将公式(5-15)两边对 t 在 $(0,t)$ 上求积分可得

$$\omega(x,t)=\omega_0+\frac{\lambda\sigma\upsilon}{\nu}\mathrm{e}^{-\frac{\lambda x}{\nu}}\int_0^t\omega(\upsilon t,t)\mathrm{e}^{-\frac{\lambda\upsilon t}{\nu}}\mathrm{d}t \tag{5-16}$$

将 $x=\upsilon t$ 代入公式(5-16)后两边同时乘以 $\mathrm{e}^{\frac{\lambda\upsilon t}{\nu}}$ 可以得到

$$\omega(\upsilon t,t)\mathrm{e}^{\frac{\lambda\upsilon t}{\nu}}=\omega_0\mathrm{e}^{\frac{\lambda\upsilon t}{\nu}}+\frac{\lambda\sigma\upsilon}{\nu}\int_0^t\omega(\upsilon t,t)\mathrm{e}^{-\frac{\lambda\upsilon t}{\nu}}\mathrm{d}t \tag{5-17}$$

设 $g(t)=\omega(\upsilon t,t)\mathrm{e}^{\frac{\lambda\upsilon t}{\nu}}$，则公式(5-17)可写为

$$g(t)=\omega_0\mathrm{e}^{\frac{\lambda\upsilon t}{\nu}}+\frac{\lambda\sigma\upsilon}{\nu}\int_0^t g(t)\mathrm{d}t \tag{5-18}$$

因为 $g(0)=\omega_0$，在公式(5-18)中对 t 求导可得

$$\begin{cases} g'(t)-\dfrac{\lambda\sigma\upsilon}{\nu}g(t)=\dfrac{\lambda\upsilon}{\nu}\omega_0\mathrm{e}^{\frac{\lambda\upsilon t}{\nu}} \\ g(0)=\omega_0 \end{cases} \tag{5-19}$$

因此，可以求解得到

$$g(t)=\frac{\omega_0}{1-\sigma}\mathrm{e}^{\frac{\lambda\upsilon t}{\nu}}\left(1-\sigma\mathrm{e}^{-\frac{(1-\sigma)\lambda\upsilon t}{\nu}}\right) \tag{5-20}$$

所以

$$\omega(\upsilon t,t)=\frac{\omega_0}{1-\sigma}\left(1-\sigma\mathrm{e}^{-\frac{(1-\sigma)\lambda\upsilon t}{\nu}}\right) \tag{5-21}$$

根据公式(5-13)、公式(5-21)可得

$$\begin{aligned} Q &= \int_0^{\mathrm{T}} q(L,t)\mathrm{d}t \\ &= \frac{\sigma Q_0\nu}{(1-\sigma)\lambda L_1}\mathrm{e}^{-\frac{\mu L_2}{\nu}}\left(1-\mathrm{e}^{-\frac{(1-\sigma)\lambda L_1}{\nu}}\right)\left(\omega_0=\frac{Q_0}{L_1}\right) \end{aligned} \tag{5-22}$$

为简化 Q 的表达式，令 $\theta=\dfrac{(1-\sigma)\lambda L_1}{\nu}$，则公式(5-22)可简化为

$$\begin{cases} Q=\dfrac{\sigma Q_0}{\theta}\mathrm{e}^{-\frac{\mu L_2}{\nu}}(1-\mathrm{e}^{-\theta})=\sigma Q_0\mathrm{e}^{-\frac{\mu L_2}{\nu}}\dfrac{1-\mathrm{e}^{-\theta}}{\theta} \\ \varphi(\theta)=\dfrac{1-\mathrm{e}^{-\theta}}{\theta} \end{cases}$$

$$\Rightarrow Q=\sigma Q_0\mathrm{e}^{-\frac{\mu L_2}{\nu}}\varphi(\theta) \tag{5-23}$$

从上述推导过程以及公式(5-22)可以看出，需求方吸

收的共性技术信息量 Q 与 $\sigma, Q_0, \mu, L_2, \nu, \lambda, L_1$ 有关。

5.3.3 创新网络结点与共性技术吸收影响因素的关系分析

根据烟雾过滤原理对共性技术吸收模型进行推导以后，最后得到技术需求方吸收到共性技术信息量 Q 的一般表达式：$Q=\sigma Q_0 e^{-\frac{\mu L_2}{\nu}}\varphi(\theta)$。

(1) 在 Q 的表达式中 $\varphi(\theta)=\frac{1-e^{-\theta}}{\theta}$，其中 $\theta=\frac{(1-\sigma)\lambda L_1}{\nu}$，$1-\sigma=\sigma'$ 是信息损耗的比例，在共性技术随载体流进入需求方的过程中，这种信息损耗的比例很小，因此 θ 的值也很小，可以考虑 Q 与 σ, Q_0 成正比，即企业对共性技术的吸收受到携带在载体流中的信息量大小和技术信息进入企业之前的初始量大小的直接影响。若假设所有共性技术信息全部集中在 $x=L$ 处，也就是说共性技术信息不经过外部扩散直接进入企业，那么企业的技术吸收量 $Q=\sigma Q_0$，但是这种情况多发生在科研机构衍生模式中，存在一定的技术转移程序，属于核心技术性质，需要保证技术信息的高吸收效率。而针对具有公共性质的共性技术，这种不经过外部扩散进入需求方的方式是不可能实现的。需要做好技术的保密措施，尽量减少不必要的技术损耗，提高技术信息在载体流中的比例；或者尽量接近技术源，提高共性技术信息的初始含量 Q_0，这些都能够对提高技术吸收率起到一定的积极作用。

(2) 在共性技术吸收模型中，因子 $e^{-\frac{\mu L_2}{\nu}}$ 体现的是共性技术吸收的消极影响因素的阻碍作用，产生阻碍作用的主

要原因是因子 μ,L_2 和 ν,μ 体现了技术障碍对技术信息的吸收作用,也可以理解为需求方对共性技术的吸收环节上的信息流失,L_2 在概念上是共性技术吸收障碍的长度量化,可以看作是共性技术吸收的消极影响因素的量,ν 是共性技术吸收的消极影响因素的影响程度,从而影响需求方对共性技术吸收的进度。因此,有效减少不必要的技术信息吸收环节,积极做好规避消极因素的措施,能够提高需求方的技术吸收量。

(3) $Q=\sigma Q_0 \mathrm{e}^{-\frac{\mu L_2}{\nu}}$ 是受到消极影响因素的屏蔽或阻碍后被需求方吸收的共性技术信息量,也就是不考虑技术媒介的存在,将所有技术信息集中在 $x=L_1$ 处时需求方吸收的信息量。但是对于技术知识,尤其是隐性技术知识,主要依托技术媒介而存在,因此没有媒介的技术传播是不存在的。所以,要提高共性技术的吸收量,可以尽量减少技术媒介,比如直接跟科研机构合作而并非通过中介机构等手段获取技术来源,就是减少技术媒介、提高技术吸收率的手段之一。

综上所述,逐一推进,创新网络中每个技术需求主体都会各尽所长,最大可能地吸收和融合新技术信息,从而提高自身的技术基础,以求在复杂的竞争环境中争得一席之地。创新网络中各类需求主体扬长避短,最终共同发展,整个网络技术基础达到更高的平台,最终达到积极促进创新网络同步发展的目的。

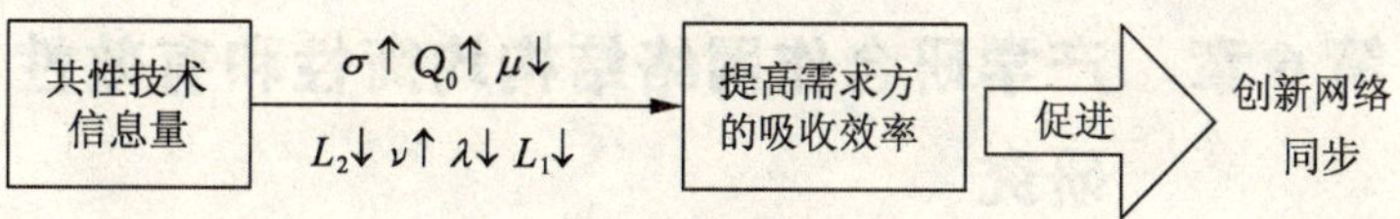

图 5-13　基于共性技术吸收效率的创新网络同步

5.4　本章小结

本章通过阐述共性技术扩散和吸收与创新网络之间的关系，构建了共性技术扩散模型和共性技术吸收概念模型，并分别对创新网络结点与共性技术扩散和吸收的关系进行分析，得到基于共性技术扩散和基于共性技术吸收的创新网络同步模型。

第 6 章　产学研合作网络结构均衡性和有效性研究

6.1　产学研合作网络纳什均衡的模型描述

产学研合作中有 n 个参与者，每个参与者都单方面与其他参与者的任何一个子集建立了关联。以 $N=\{1,\cdots,n\}$ 为参与者集合，其中 $n\geqslant 3$；以 i 和 j 为这个集合的典型成员。参与者 $i\in N$ 的一个策略是一个向量 $\boldsymbol{s}_i=(s_{i1},\cdots,s_{ii-1},s_{ii+1},s_{ii},\cdots s_{in})$，其中对于 $j\in N/\{i\}$，$s_{ij}\in\{0,1\}$，$s_{ij}=1$ 表示 i 与 j 建立了关联。参与者 i 一个策略组合 $s^*=\{s_i^*,s_{-i}^*\}$ 是网络 g 的一个纳什均衡网络，符合下列条件：

$$\pi_i(s_i^*,s_{-i}^*|g)\geqslant\pi_i(s_i,s_{-i}^*|g),\forall s_i\in S_i,\forall i\in N \quad (6\text{-}1)$$

如果上述定义里的不等式对于每个参与者都是严格不等式，那么这个纳什均衡网络是严格的纳什均衡网络。

假设一个参与者的收益取决于他建立的关联以及其他人建立的关联。每个参与者可以决定和任何一部分的其他参与者建立关联，其中关联的形成是单边的：参与者 i 可以决定与任何参与者建立关联，并且支付成本。例如，在产学研合作中，企业主动和高校建立联系实现高校发明专利的产业化。关联可以由参与者决定建立，并且由此产生成本。定义参与者的收益函数为

$$\pi_i = f[n_i(g), e_i(g)] = b_{i0} + bn_i(g) - e_i(g)c \quad (6\text{-}2)$$

其中 b_{i0} 为参与者 i 没有建立任何关联时的收益，b 为边际收益，$n_i(g)$ 为参与者 i 在网络 g 里可以接触到的参与者数目，b 为边际成本，$e_i(g)$ 为参与者 i 在网络 g 里主动与对方建立关联的参与者数目。

6.2 产学研合作网络结构的均衡性分析

当边际成本与边际收益的比值 $\frac{c}{b} \in [0,1)$ 时，那么参与者 i 仅仅为了 j 的价值就愿意与之建立关联；当 $\frac{c}{b} \in [1, n-1)$ 时，参与者 i 为了建立关联，会首先要求 j 接触另外的参与者；$\frac{c}{b} \in [n-1, +\infty)$ 时，那么关联形成的成本超过从社会能够获得的总利益。在这种情况下，对于参与者 i 最优的选择就是无论其他人如何选择，也不与任何的参与者建立关联。

因此可以得到以下定理：

定理 6.1　假定收益函数由式(6-2)给定，那么纳什均衡网络或者是完全不连通网络，或者是最小连通网络。

证明　如果网络里面存在闭链，可以去除一个关联，但可以保持和所有参与者都是连通的，这与纳什均衡网络的

定义矛盾，因此闭链不可能是纳什均衡网络。设 g 是一个非空的网络，并且是不连通的，那么在 g 至少存在二个分量，设分量 g_1 并且具有 $|g_1|=k\geqslant 2$。假定 $i\in g_1$，且 $e_i(g)\geqslant 1$，那么可以得到

$$\begin{aligned} f_i(k-1,1)&=b_{i0}+b(k-1)-c\geqslant b_{i0}+b(k-1)-e_i(g)c \\ &=f_i[(k-1),e_i(g)]=f_i[n_i(g),e_i(g)] \\ &=f_i(g) \end{aligned} \tag{6-3}$$

由于 g 是纳什均衡网络，$f_i(g)\geqslant f_i(g_{-i})=f_i(n_i\cdot(g_{-i}),0)\geqslant f_i(0,0)$，这里 g_{-i} 是与参与者 i 没有建立任何关联网络 g，因此 $f(k-1,1)\geqslant f(0,0)$。由于 g 不是连通的，就存在一个参与者分量 $j\notin g_1$。首先分析 j 自成一个分量的情况，根据收益函数特性可以得出：$f_j(k,1)>f_j(k-1,1)\geqslant f_j(0,0)=f_j(g)$，这与 g 是纳什均衡网络相矛盾；其次分析 $j\in g_2$ 分量并且具有 $|g_2|=l\geqslant 2$。不失一般性，令 $l\leqslant k$，并且假定 $e_j(g)\geqslant 1$。如果参与者 j 去除他所有关联，而与参与者 i 建立关联，那么他的收益为 $f_j(k,1)\geqslant f_j(l,1)\geqslant f_j(g)$，这与 g 是纳什均衡网络相矛盾。根据这两种情况可以得出 g 或者是完全不连通网络，或者是最小连通网络。

许多网络满足最小连通的要求。图 6-1 至图 6-5是最小连通网络中的典型，在图中大圆圈表示参与者、靠近大圆圈的小圆圈表示是由该参与者发起建立的关联。例如，一个核心发起的星状网络是一个有向网络，它的 $n-1$ 关联都是由位于中心位置的单个参与者建立的；一个边缘发起的星状网络则是另一个有向网络，它是 $n-1$ 个参与者每人都

与同样的参与者建立，而后者则是这个星状网络的中心。

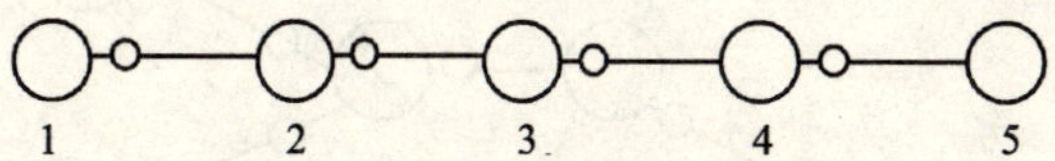

图 6-1　产学研合作的线性网络

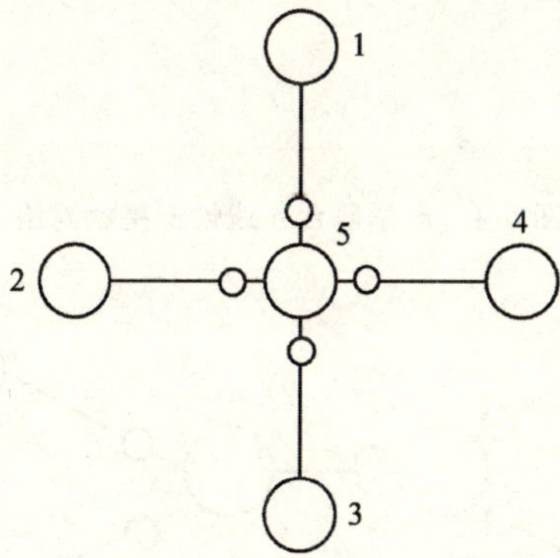

图 6-2　产学研合作核心主体发起的星状网络

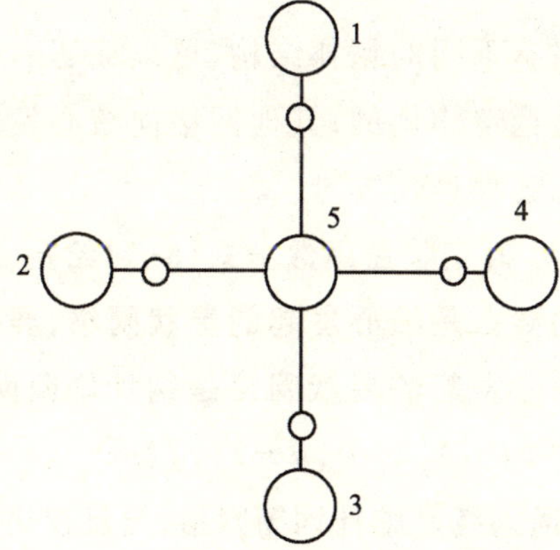

图 6-3　产学研合作边缘主体发起的星状网络

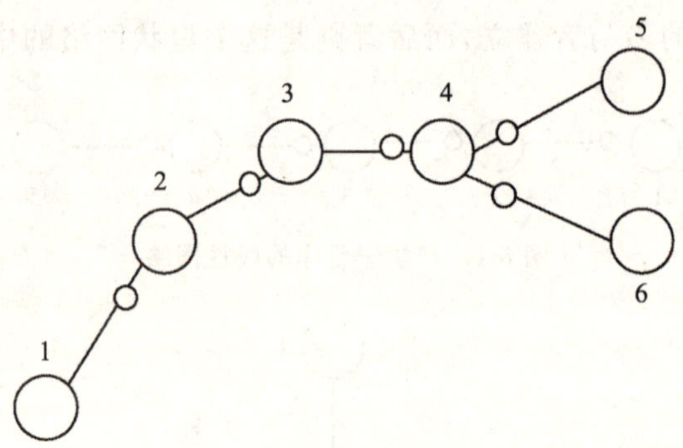

图 6-4 产学研合作线性+星状网络

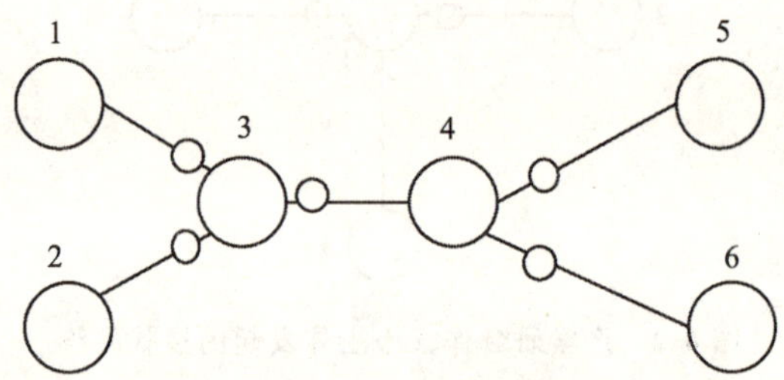

图 6-5 产学研合作互相联结的星状网络

这些网络有不同的拓扑结构，可以证明一个核心发起的星状网络是稳定均衡的；其他网络向核心发起的星状网络的转换动态过程是收敛的。

定理 6.2 假定收益函数由式(6-2)给定，那么严格的纳什均衡网络要么是核心发起的星状网络，要么是完全不连通网络。核心发起的星状网络是纳什均衡网络，当且仅当对于所有的 $k\in\{1,2,\cdots,n-2\}$，$f(n-1,n-1)>f(k,k)$；完全不连通网络是纳什均衡网络，当且仅当对于所有的 $k\in\{1,2,\cdots,n-1\}$，$f(0,0)\geqslant f(k,k)$。

证明 假定 g 是一个非空的纳什均衡网络，那么存在一对参与者 i 和 j，$g_{ij}=1$。需要证明对于所有的 $m\neq i$，

$g_{mj}=0$。如果这不成立，那么参与者可以去除和 j 的关联，建立与 m 的关联却维持同样的收益，这与 g 是一个严格的纳什均衡网络相矛盾。因此与 i 建立关联的任何参与者都不能与任何其他的参与者建立关联。由于 g 是连通的，这意味着参与者 i 一定可以接触到任何人。如果 $g_{pi}=1$，根据上面的论述，参与者 p 可以转换关联却维持同样的收益，这与 g 是一个严格的纳什均衡网络相矛盾。因此 g 是核心发起的星状网络。如果 g 是核心发起的星状网络的纳什均衡网络，对于 j 是一个边缘参与者改变任何均衡策略只能减少收益；而对于 i 是一个核心参与者，去掉一个关联后的收益 $f(n-2,n-2)$，要求 $f(n-1,n-1)\geqslant f(n-2,n-2)$；去掉二个关联后的收益 $f(n-3,n-3)$，要求 $f(n-1,n-1)\geqslant f(n-3,n-3)$。因此可以归纳出 g 是核心发起星状网络的纳什均衡网络，必须满足 $f(n-1,n-1)>f(k,k)$，$k\in\{1,2,\cdots,n-2\}$。用类似方法可以证明完全不连通网络是纳什均衡网络，当且仅当对于所有的 $k\in\{1,2,\cdots,n-1\}$，$f(0,0)\geqslant f(k,k)$。

推论　纳什均衡网络是最小连通网络时需要满足 $\frac{c}{b}<1$，是完全不连通网络时需要满足 $\frac{c}{b}\geqslant 1$。

证明　根据纳什均衡网络是最小连通网络需满足 $f(n-1,n-1)>f(k,k)$，$k\in\{1,2,\cdots,n-2\}$ 和式(6-2)得 $b_{i0}+b(n-1)-(n-1)c>b_{i0}+b(n-2)-(n-2)c$ 即 $\frac{c}{b}<1$；同理得到完全不连通网络时需要满足 $\frac{c}{b}\geqslant 1$。

定理 6.3　假定收益函数由式(6-2)给定，以 g 为某个起始网络，如果 $\frac{c}{b}\in[0,1)$，那么在有限的时间内向核心发起的星状网络的动态过程收敛；如果 $\frac{c}{b}\in[1,+\infty)$，那么在有限时间内向完全不连通网络的动态过程收敛。

证明　这个证明分三个步骤。第一步参与者建立关联行动所产生的正网络效应的能力：从任何一个网络出发，动态过程要么向完全不连通网络收敛，要么向最小连通的网络收敛。第二步是凝聚压力：从任何一个最小连通网络出发，边缘参与者与偏远的参与者脱离关联，向一个核心参与者移动。第三步取决于参与者在建立关联时的错误协调：当两个同时与参与者 k 建立关联的参与者 i 和 j 获得机会修正他们的关联时，他们同时去除与 k 的关联却互相之间建立关联，这时错误协调就出现了。这就使得 i 和 j 在他们之间建立了一个多余的关联，而又与 k 隔绝。这个形式的协调失败促进了参与者 k 发起建立更多的关联，而这又导致了一个由核心发起的星状网络的出现。在等式代表的线性模型里，这个结果是说：如果 $\frac{c}{b}\in[0,1)$，那么这个过程向核心发起的星状网络收敛；如果 $\frac{c}{b}\in[1,+\infty)$，那么这个过程向完全不连通网络收敛。

6.3　产学研合作网络结构的有效性分析

假设网络 g 产生的总体福利为 $w(g)=\sum_{i\in N}\pi_i(g)$，如

果对于所有 $g' \in G$，都有 $w(g) \geqslant w(g')$，那么网络 g 就被称为是有效的。

定理 6.4　假定收益函数由式(6-2)给定，任何的有效网络都是最小的即最小连通或者完全不连通网络。如果对全部的 $l \in \{1,2,\cdots,n-2\}$ 且 $k \in \{l,l+1,\cdots,n-1\}$ 有 $f(k+1,l+1) > f(k,l)$ 成立，那么有效网络是最小连通的。

证明　根据收益函数由式(6-2)，可以得到社会福利函数如下：

$$w(g) = \sum_{i \in N} \pi_i(g) = \sum_{i \in N} b_{i0} + b\sum_{i \in N} n_i(g) - c\sum_{i \in N} e_i(g) \tag{6-4}$$

当 $b\sum_{i \in N} n_i(g) - c\sum_{i \in N} e_i(g) \leqslant 0$ 时，社会福利函数的最大值 $w(g) = \sum_{i \in N} \pi_i(g) = \sum_{i \in N} b_{i0}$，即在这种情况下 $n_i(g) = 0$ 和 $e_i(g) = 0$，一个有效网络是无意义网络；当 $b\sum_{i \in N} n_i(g) - c\sum_{i \in N} e_i(g) > 0$ 时，社会福利函数 $w(g) = \sum_{i \in N} \pi_i(g) = \sum_{i \in N} b_{i0} + b\sum_{i \in N} n_i(g) - c\sum_{i \in N} e_i(g)$，通过分析可以得知 $\sum_{i \in N} n_i(g)$ 取最大值时，即 $\sum_{i \in N} n_i(g) = n(n-1)$ 和 $\sum_{i \in N} e_i(g)$ 取最小值时，$\sum_{i \in N} e_i(g) = 0$，该网络的社会福利函数达到最大值，但同时满足这个最大值和最小值的网络无法实现，再根据 $f(k+1,l+1) > f(k,l)$ 这个条件分析，当 $\sum_{i \in N} n_i(g)$ 满足 $\sum_{i \in N} n_i(g) = n(n-1)$ 条件时，$\sum_{i \in N} e_i(g)$ 取的最小值为 $\sum_{i \in N} e_i(g) = n-1$，该网络的社会福利函数达到最大值。因

此，如果对于全部的 $l\in\{1,2,\cdots,n-2\}$ 且 $k\in\{l,l+1,\cdots,n-1\}$ 有 $f(k+1,l+1)>f(k,l)$ 成立，那么有效网络是最小连通的。

推论　有效网络是最小连通网络时需要满足 $\frac{c}{b}<n$，是完全不连通网络时需要满足 $\frac{c}{b}\geqslant n$。

证明　根据 $b\sum_{i\in N}n_i(g)-c\sum_{i\in N}e_i(g)>0$，可以得到有效网络是最小连通网络时需要满足 $\frac{c}{b}<\frac{\sum_{i\in N}n_i(g)}{\sum_{i\in N}e_i(g)}=\frac{n(n-1)}{n-1}=n$；同理可以得到有效网络是完全不连通网络时需要满足 $\frac{c}{b}\geqslant n$。

通过比较有效网络和均衡网络的特征就可以得出以下三个结论：

(1) 当边际收益与边际成本的比值为 $0<\frac{c}{b}<1$ 时，星状网络是均衡网络且是有效的网络；

(2) 当边际收益与边际成本的比值为 $1\leqslant\frac{c}{b}<n$ 时，完全不连通网络是均衡网络，而有效网络是最小连通的，说明均衡网络是连通不足的。连通不足的原因在于每个关联对于其他关联会产生正的网络效应，而这导致参与者低于关联的社会价值。

(3) 当边际收益与边际成本的比值为 $\frac{c}{b}\geqslant n$ 时，完全不连通网络是均衡网络且是有效网络。

因此不同的产学研合作网络结构中，每个主体获取的收益是不同的，例如星状网络结构：

在产学研合作核心主体发起的星状网络中核心发起者 i 获取的收益：

$$\pi_i(g)=f_i(n-1,n-1)=b_{i0}+(n-1)b-(n-1)c \tag{6-5}$$

在产学研合作边缘主体发起的星状网络中每个边缘参与者 j 获取的收益：

$$\pi_j(g)=f_j(n-1,0)=b_{j0}+(n-1)b \tag{6-6}$$

对于较大的 n 和 c，收益差别很大。核心发起者 i 获取的收益比边缘参与者的收益少很多。因此一方面，在某些情况下，核心发起者 i 可能会破产，因为他成为核心发起者而支付所有关联成本；另一方面，这个结果似乎与直觉矛盾：核心发起者建立关系网络是利用网络优势，他应该比边缘者赚取更高的收益。

6.4　本章小结

在产学研合作中，由于合作网络拓扑结构的不同，产学研合作中的各主体收益和总体收益也不一样。本书采用纳什均衡博弈和图论相结合的方法，构建图中的圆圈为各参与主体、图中的边为各主体选择和其他主体进行合作关系以及收益函数作为其效用函数，展开合作网络的均衡性和有效性分析。在均衡性方面，证明了在线性收益函数的条件下，纳什均衡网络或者是完全不连通网络，或者是最小连通网络，并分析得到了产学研合作网络符合严格纳什均衡网络所需满足的参数条件；在有效性方面，证明了在线性收益函数的条件下，有效性网络也是完全不连通网络，或者是最小连通网络以及满足有效性网络所需的参数条件；通过比较纳什均衡网络和有效性网络的参数条件归纳出三种不同情况。

第7章　产学研合作中技术转移通道及政府管理对其影响的研究

7.1　技术转移通道的形成

若一个区域有多个产业，每个产业都会有一定的辐射区，随着能级的不断增大，产业影响的范围也会加大，逐渐地，在区域内就会出现一个占绝对领导地位的产业或几个地位相当的产业。随着领导型产业的不断发展与功能的升级，区域内相关的研究机构也会随之增多，进而使得其影响范围内各种产业的各种功能区的能级不断进行调整，进而改变整个区域的空间结构。此时，其他非领导型产业为了更好地生存，将会去领导型产业中承接一部分适合自身特点的技术或与相关研究机构合作提升自身的技术适应能力。在这个过程中，不同能级产业之间的联系开始变得紧密，技术转移通道也成了技术信息流通的重要工具，一些辅助工具也随之风行，如中介机构等①，如图 7-1 所示。

---

① 周华明，姚怡衷：《技术管理与知识管理》，苏州大学出版社，2004 年。

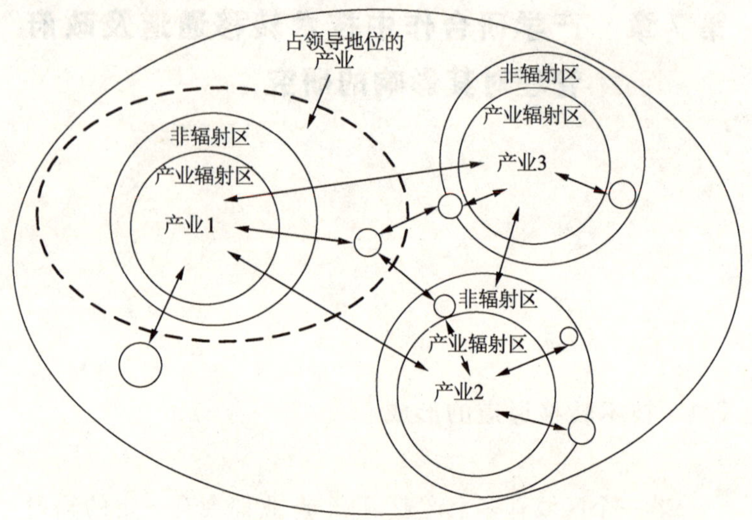

图 7-1　区域内技术转移通道的形成

在技术转移中，通道连接着从输入到输出的过程，也是一个传送信息和验证信息的过程，它的顺畅与否直接影响到技术转移效率的高低，其作用主要体现在技术供体（技术拥有者或转让方）和技术受体（技术吸纳方或引进方）的互动当中[①]。在技术转移过程中，主要涉及技术信息、信息载体以及“噪音”等要素，其中，技术信息主要包括转让方的技术信息以及吸纳方的反馈信息；信息载体主要是指传递信息的途径，可以是物也可以是人；“噪音”是指在技术转移过程中，阻碍技术转移或者降低技术转移效率的因素。各要素之间的关系如图 7-2 所示：

---

① Malik K. Aiding the technology manager：a conceptual model for intra-firm technology transfer. *Technovation*，2002，22.

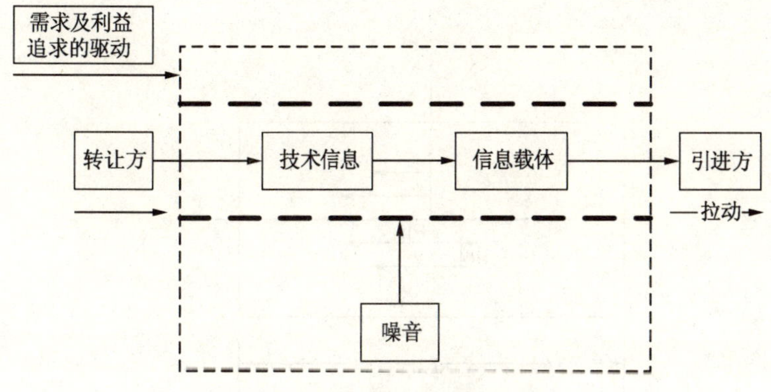

图 7-2　技术转移通道概念模型

在技术转移通道中，技术信息通过载体进行输送，且技术供体和技术受体对信息的输送有推动和拉动的作用。换言之，技术转移通道是因需求而存在的，而转让方和引进方对技术利益的追求是技术转移通道中的强大驱动力①。但是，由于"噪音"的干扰、载体可靠性的偏差以及信息自身的影响因素(如载体流流速、时效性等)，很容易造成信息的流失或减少。

7.2　技术转移通道模型的构建及分析

本节假设技术转移通道为圆柱管道模型，并以流体力学知识为基础进行模型的构建②，如图 7-3 所示。

---

① Abdelkader Daghfous. An empirical investigation of the roles of prior knowledge and learning activities in technology transfer. *Technovation*, 2004, 20.

② 张爱民，王长永：《流体力学》，科学出版社，2010 年。

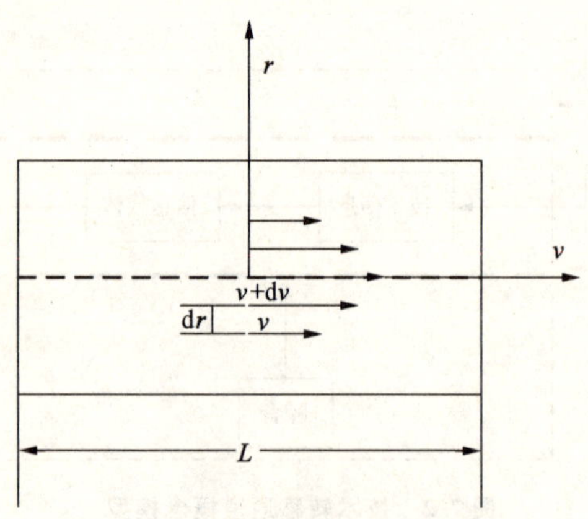

图 7-3　技术转移通道剖面模型

图 7-3 中，v 方向代表载体流前进的方向，r 方向代表载体流的流速分布层方向。在技术转移通道内，载体流越集中，说明信息越核心，对技术接受方的利益越大，因此转移的速度越快；越往通道壁方向，技术信息越分散，信息的渗透作用也越强，因此信息的可用性和有效性逐步降低，对于接受方的意义也大打折扣，从而载体流的速度逐步缓慢，到达接受方的信息量也渐渐减少。

取 v 方向为 x 方向，r 方向为 y 方向，假设载体流层分布均匀，且令某一流层的流速为 v，与其相邻流层的流速为 $v+\mathrm{d}v$，$\mathrm{d}v$ 为相邻两流层的流速差，再令流层厚度为 $\mathrm{d}r$，则载体流流速沿垂直于流速方向的变化率为 $\frac{\mathrm{d}v}{\mathrm{d}r}$。由于各流层流速不同，相邻流层之间就有相对运动，从而产生相互阻碍的作用力 f。

在技术转移过程中，技术载体间的知识差异、理解能力差异以及接受方的接受能力等，都会在不同程度上阻碍技术转移的顺利进行，从而形成转移通道内的"噪音污染"，也就造成了上述的通道阻力 f。

在技术转移过程中，技术供给方和技术接受方之间的技术悬殊是启动技术转移的主要因素，技术悬殊的大小直接决定技术转移的顺利与否和技术转移率的高低。假设技术转移双方的技术悬殊为技术转移通道内促进载体流前进的动力 F，技术转移通道长度为 L，通道半径为 R，且假设技术转移一旦启动，载体流呈连续稳定的匀速流动状态，那么，可以构建通道内载体流的流速模型 $\pi r^2 F = f$。

如图 7-4 所示，若通道内载体流层单位面积上的阻力为 $\mu \frac{\mathrm{d}v}{\mathrm{d}r}$（$\mu$ 为载体流的黏滞系数），根据流体力学知识则有 $f = -2\pi r L \mu \frac{\mathrm{d}v}{\mathrm{d}r}$，所以可以得出

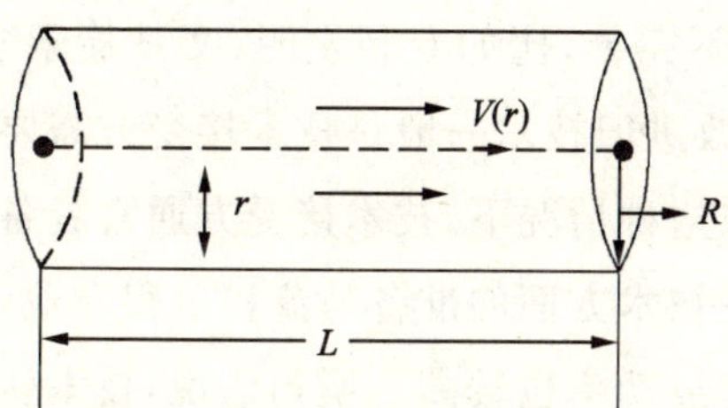

图 7-4　技术转移通道的管道模型

$$\pi r^2 F = -2\pi r L \mu \frac{\mathrm{d}v}{\mathrm{d}r} \tag{7-1}$$

即

$$\mathrm{d}v = -\frac{Fr}{2\mu L}\mathrm{d}r \tag{7-2}$$

得

$$\int_r^R \mathrm{d}v = -\frac{F}{2L\mu}\int_r^R r\,\mathrm{d}r \tag{7-3}$$

$$V(R)-V(r)=-\frac{F}{4\mu L}(R^2-r^2) \tag{7-4}$$

根据流体力学知识可知，在通道壁处，即 $r=R$ 时，载体流速度为零，所以 $V(R)=0$。因此可以得到

$$V(r)=\frac{F}{4\mu L}(R^2-r^2) \tag{7-5}$$

所以由上述模型推导过程可以看出，技术载体流在技术转移通道中的流速主要受到转移双方的技术悬殊、载体流间的阻力、通道长度以及通道半径的影响。

技术悬殊主要伴着两种情况存在，一种是引进新技术，另一种是改进旧技术。新技术的引进意味着接受方要开拓新的领域并需要新技术的支持，在这种情况下，技术转移双方的技术悬殊较大，技术转移的难度也颇大，这主要因为接受方的技术基础太薄弱，无论是技术人才还是相应资源都较为缺乏或不完善，比如专利发明、文献检索水平、技术交流机会等。改进旧技术一般是技术接受方需要开拓市场或改进产品，在这种情况下，技术接受方通常具备一定的技术功底，在相关技术方面的准备与流程也很专业，技术悬殊相对较小，转移成功率也较高。换句话说，技术转移通道内信息流速的快慢是与技术转移成本和利润相关的，同时，技术悬殊与技术转移成本成正比，而其带来的利润却未能明确，如果成本大于利润，则技术信息流将变得缓慢甚至停止，因此技术转移通道中技术悬殊既是信息流的原始驱动力，也是通道是否通畅的主导因素。

技术转移通道中载体流间的阻力是指“逆流而上”对技术转移造成消极影响的因素，它是在技术转移已经开始并

在其转移过程中出现的，与市场需求、竞争环境等没有直接联系。首先，在技术转移过程中，接受方技术特派员之间的文化差异、知识背景会使技术信息的传达出现不对称，从而影响技术使用的反馈情况以及出现同类信息重复传递的情况，导致技术转移的时间拉长、转移成本加大；其次，如果通道内存在中介机构，中介机构功能的不完善或其提供的信息缺乏时效性等都属通道内的阻力。

技术转移通道的长度与半径与技术信息的渗透性和集中性有关，参见图7-5。技术的渗透性与集中性主要涉及技术信息的外泄与时效性。一般来说，通道长度主要是指技术转移双方的地理距离。

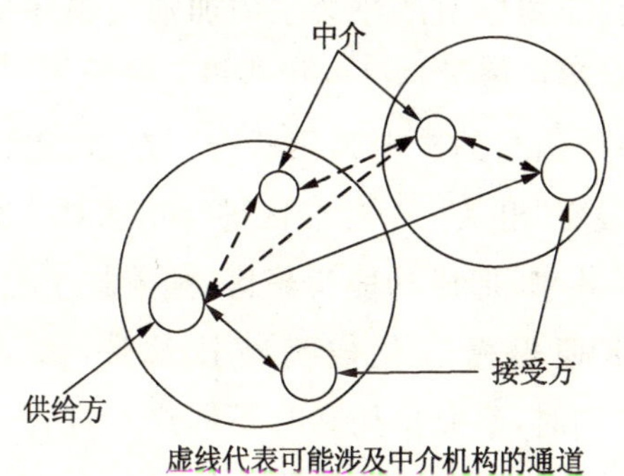

虚线代表可能涉及中介机构的通道

图7-5　通道长度与技术转移

两者相距较近，则外部环境（如政府制度、人文等）基本一致，双方相关方面的技术人员交流的机会也多，对彼此的研究都较为了解，从而在技术转移过程中避免了很多麻烦，技术信息的渗透性弱、集中度高；技术转移双方相距较远，技术信息存在的背景不同，可能出现“水土不服”的情况，再者若有中介机构的参与，则信息的传达站点增加，接触的载体也多，从而导致信息的渗透性强、集中性差。

7.3 技术转移通道的演变及政府管理的影响

技术转移通道的形成会在一定程度上促进区域的发展，但是这种促进却是有限的。首先，技术转移通道内影响技术转移的消极因素会加大转移成本；其次，技术知识拥有着自己的特质，并且嵌入在人力资本里随时间而积累沉淀，从而使得R&D活动和创新积聚在某一个产业或某几个产业中，由此造成区域发展不平衡。为了打破技术转移通道的局限性、减少技术转移的成本、提高创新能力，在一定的区域范围内，非领导型产业会主动加强与领导型产业之间的合作，并且积极展示自己的优势得到领导型产业的青睐，或者几个地位相当的产业强强联合。在这些情况下，产业间会相互“裂变”出某一个功能区进行相互对接实现技术信息与知识的共享，形成功能集聚区，随着技术更新的需要，功能集聚区便慢慢进化成高新技术带，参见图7-6和图7-7。与此同时，研究机构在与不同产业进行合作的情况下会在多方面充实自己，从而扩充自己的研究领域，加大创新力度，对产业间技术的集聚起到催化作用①。

① 郭燕青：《技术转移与区域经济发展》，经济管理出版社，2004年。

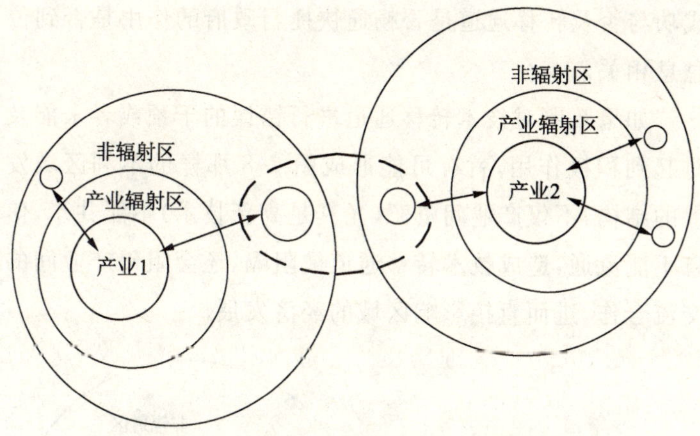

图 7-6　领导型产业(左)与非领导型产业间功能区的“裂变”过程

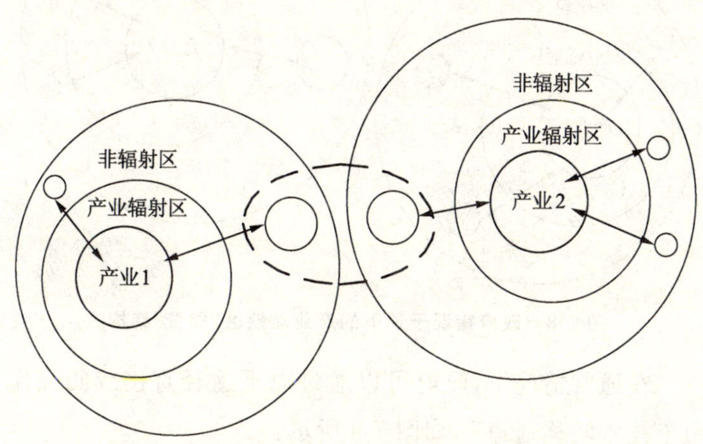

图 7-7　地位相当产业间功能区的“裂变”过程

市场、政府、产业结构是否健全以及资金、资源是否充足都直接影响到技术转移通道是否顺畅，而其中只有政府才有权威和能力来协调市场中各种要素，控制社会活动，有效调节产业结构以及提供足够的资金，统筹安排资源的合理利用，从而为技术转移打下坚实的基础。所以，技术转移成功与否及转移通道是否畅通快捷与政府的作用是否到位息息相关。

如果政府对技术转移通道进行错误的干预或者未能及时起到积极作用，就有可能形成图 7-8 那样的不利区域发展的结构，不仅产业间资源（尤其是高新技术）不能共享，信息不能流通，造成技术转移通道被阻隔，还会阻碍产业间的交流合作，进而直接影响区域的经济发展。

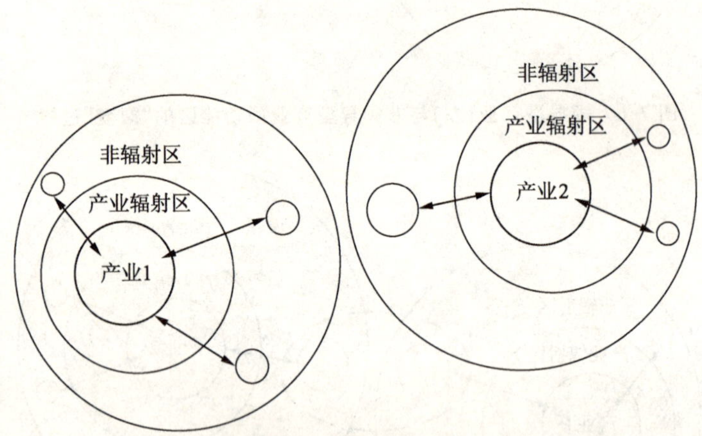

图 7-8　政府错误干预下的产业功能区“裂变”结构

在通常情况下，政府可以通过以下途径直接或间接作用于技术转移通道[①]，如图 7-9 所示：

① 邵景波，张立新：《美日政府在高校技术转移中的作用比较及经验借鉴》，《哈尔滨工业大学学报（社会科学版）》，2003 年第 4 期。

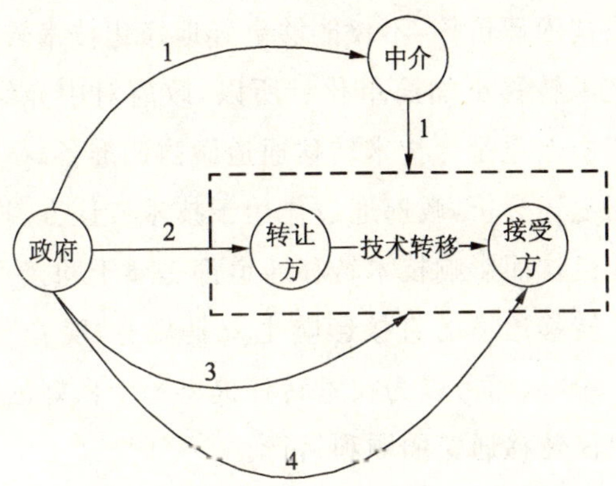

图 7-9　政府影响技术转移通道的四种途径

技术转移通道是因转让方和接受方之间的信息互动而存在的，缺失任何一方都不可能形成完整通道。所以，政府对技术转移双方的影响直接触及技术转移通道。首先，政府要创立法律来保护转让方和受让方的合法权益，并提供必要的指导，调动研究人员的积极性。研究一项技术，市场信息的正确和完整、科研经费的充足以及科研机构的建立都是关键，政府在引导转让方了解市场的同时，也要承担一部分的科研资金，尽量降低转让方的研发风险，把好技术转移通道的第一道关。同时，政府也要制定一系列政策，比如降低税收、加快技术设备的折旧以及降低贷款利率等，来鼓励受让方引进技术。因此，政府不仅是技术转移通道形成不可或缺的重要因子，而且对转移通道中的技术信息能起到既推动又拉动的作用，促进信息流快速流动。

政府还可以通过完善中介机构来影响技术转移通道的运行。优秀的中介机构能够更好地完善技术转移体系，它主要是为技术转让方和受让方搭建桥梁，比如信息服务、咨询服务或技术评价等，不仅能够更好地净化技术转移通道，也能使技术转移更加简单化。所以，政府对中介结构的直接作用实质上也是为技术转移通道做协调准备。

根据上述分析，政府通过作用于技术转让方、技术受让方或中介机构而影响技术转移通道都是属于间接作用。政府对技术转移通道的直接影响主要是规避“噪音”，比如解决合同纠纷，从而可以为技术转移提供一个良好的环境，从根本上保证转移通道的顺利运行。

7.4 本章小结

技术转移通道是影响技术信息转移成功的重要因素。本章通过借鉴流体的物理特性来建立技术转移通道模型，得出通道中信息载体流流速（即通道顺畅问题）主要受到转移双方的技术悬殊、载体间的阻力、通道长度以及通道半径的影响。在此基础上，本章还阐述了技术转移通道的演变过程及政府影响技术转移通道的四种途径，指出政府在技术转移通道的顺畅问题上扮演着间接或直接的协调者、引导者和保护者的角色。

第8章　结论与展望

8.1　主要结论

本书研究了产学研合作机制的人员、研发组织、企业、网络和技术转移通道等方面，主要包括人员匹配和激励、协调模式和演化、研发组织的控制权和收益分配比例系数、创新网络同步、合作网络结构的有效性和均衡性以及合作中技术转移通道和政府管理对其影响等。本书采用定性和定量相结合的研究方法，得到如下重要结论：

(1) 在产学研合作中人员匹配关系、报酬激励及风险的研究方面：首先基于演化博弈的方法，让各类人员选择进入某产业作为战略以及其利润函数作为效用函数，展开对产学研人员匹配关系的分析。研究发现：在一个国家中两个产业同时存在的条件下，建立效用函数的等式关系，根据此等式关系找到了均衡点，分析哪些均衡点是稳定的，哪些不稳定，并在给定的参数数值的基础上，计算出这些均衡点的各种数值。其次针对产学研协作过程中研究人员和企业工作之间关系的不同特点，运用委托代理理论分析研究人员的报酬激励和风险承担问题，研究结果表明：单项工作中在完全信息下研究人员的报酬大小取决于企业和研究人员的行动次序，而在不完全信息下取决于研究人员努力所产生的信号、风险厌恶程度和信号误差。多名研究人员从事竞争性的工作通过采取竞赛提高研究人员的激励作用同时降低风险，多名研究人员从事互补性工作则采取帮助提高研究人员的激励作用但也增加风险。一名研究人员从事多项工作时，如果给予信号反应较强的激励则使研究人员承担较大的风险，同时也分析其他激励如合作地位上升和股利分配的作用等。

（2）在产学研合作研发组织中控制权和收益分配比例系数确定方面：首先基于企业和高校院所的研究人员目标不同，展开三种类型的产学研合作研发组织中的企业边际收益和研究人员的工作报酬等进行分析。研究发现这三种类型的研发组织，企业的边际收益等于研究人员的边际努力水平，研究人员的工作报酬在研究人员控制的产学研合作研发组织最高，企业和高校及研究所的研究人员双向控制次之，而在企业控制的产学研合作研发组织最低，这三种类型控制的产学研合作研发组织在追求做大做强的行为方面，双向式控制下的研发组织更能实现做大做强的目标；其次通过运用博弈论的不完全信息中的信号博弈理论，构建了产学研合作中技术许可条件下收益分配比例系数的信号博弈模型，分析了收益分配比例系数的讨价还价过程，同时讨论了收益分配比例系数确定中的许可方和接受方的讨价还价的影响因素。

（3）在产学研合作中的基于企业主体地位的协调模式和组织之间交流方式协调均衡方面：首先基于随机信息的角度构建了产学研主体总的收益函数，围绕该函数中的个别振荡与系统振荡的随机变量、协调参数与竞争参数对产学研中高校和研究所的信息决策的协调模式展开分析，研究发现协调模式取决于个别振荡与系统振荡比重以及高校和研究所在产学研中是互补的还是竞争的；其次在构造产学研合作博弈收益表的基础上，让不同产学研合作组织选择某种交流方式作为策略以及收益函数为效用函数，展开对产学研合作组织的不同互动合作网络和不同人员采取不同交流方式的协调进行均衡分析，研究发现存在交流方式多样化的均衡，产学研合作初期阶段中不同人员交流方式的囚徒困境均衡具有历史路径依赖性，并且难以通过内部协调交流方式走出困境，但是可以通过产学研合作组织中不同人员交流方式的协调达到帕累托均衡。

(4) 在产学研合作的网络方面：首先以SIR模型以及烟雾过滤模型为基础构建共性技术扩散模型和共性技术吸收模型，由模型分析得出影响共性技术扩散和吸收的主要因素；分析创新网络结点如何降低共性技术扩散和吸收各主要因素的影响程度，进而促进和加快创新网络同步；其次采用纳什均衡博弈和图论相结合的方法展开合作网络的均衡性和有效性分析，研究发现在均衡性方面，证明了在线性收益函数的条件下纳什均衡网络或者是完全不连通网络或者是最小连通网络，并分析得到了产学研合作网络符合严格纳什均衡网络所需满足的参数条件；在有效性方面证明了在线性收益函数的条件下，有效性网络也是完全不连通网络或者是最小连通网络以及满足有效性网络所需的参数条件，并比较纳什均衡网络和有效性网络的参数条件归纳出三种不同情况。

(6) 在产学研合作中技术转移通道及政府管理对其影响方面:借鉴流体的物理特性来建立技术转移通道模型,得出通道中信息载体流流速(即通道顺畅问题)主要受到转移双方的技术悬殊、载体间的阻力、通道长度以及通道半径的影响,并在此基础上,分析技术转移通道的演变过程及政府影响技术转移通道的四种途径,指出政府在技术转移通道的顺畅问题上扮演着间接或直接的协调者、引导者和保护者的角色。

8.2 未来展望

运用博弈中的纳什均衡、委托代理和动力系统以及图论的方法应用于不同产学研合作方面,主要针对不同人员的匹配和研究人员的报酬、协调模式和演化、研发组织的控制权和技术许可的利益分配、创新网络的同步和合作网络结构的均衡性与有效性以及产学研合作中技术转移通道等方面进行研究,很多方面还没有得到满意解决,相关成果缺乏实证研究,具有巨大的研究潜力。基于本书现有的研究结论,可以从以下方面进行拓展研究:

(1) 在产学研合作中不同人员的匹配和研究人员的报酬激励及风险方面:n 类产业中企业人员与研究人员的匹配,非线性努力造成对研究人员工作报酬的影响。

(2) 在产学研合作研发组织中控制权和技术许可条件下收益分配比例系数确定方面:企业、高校和研究所的研究人员等主体的目标具有多维性影响控制权,并确定突破性技术创新条件下的收益分配比例系数。

(3) 在基于企业主体的产学研协调模式和产学研合作组织之间交流方式协调均衡方面:主要考虑了基于企业主体,没有考虑基于高校主体、两者的比较以及交流方式中除了纳什均衡以外的均衡,如两两稳定均衡等。

(4) 在创新网络同步、合作网络结构均衡性和有效性、技术转移通道方面:没有进行共性技术扩散和吸收模型的仿真,没有考虑合作网络结构均衡与有效性自身节点的权重情况。如果技术转移通道是时间通道和空间通道并存,那么技术转移通道的演变将变得更加多样化。

参考文献

[1] Dormann C. Stressors, resources, and strain at work: A longitudinal test of the triple-match principle. *Journal of Applied Psychology*, 2006, 91.

[2] Robst. Education and job match: The relatedness of college major and work. *Economics of Education Review*, 2007, 26.

[3] Yakusheva. Return to college education revisited: Is relevance relevant? *Economics of Education Review*, 2010, 28.

[4] Bidner. Pre-match investment with frictions. *Games and Economic Behavior*, 2010, 68.

[5] Frigon. Tenure, satisfaction, and work environment flexibility of people with mental retardation. *Games and Economic Behavior*, 2006, 68.

[6] Sakurai. Estimation of mismatch and u-v analysis in Japan. *Japan and the World Economy*, 1992, 4.

[7] Andrews. Estimating the probability of a match using microeconomic data for the youth labour market. *Labour Economics*, 2001, 8.

[8] Rege. Why do people care about social status?

Journal of Economic Behavior & Organization, 2008,66.

[9] Altay. Win-win match using a genetic algorithm. *Applied Mathematical Modelling*,2010,34.

[10] Maurin. Fixed-term contracts and the dynamics of labour demand. *European Economic Review*, 2001,45.

[11] Funke, Michael. China's new Labour Contract Law: No harm to employment? *China Economic Review*, 2009,20.

[12] Ying Wu. Substitution between wages and on-the-job training in an optimal labor contract. *International Review of Economics & Finance*,2003,12.

[13] Danziger, Leif. Extension of labor contracts and optimal backpay. *Labour Economics*,2008,15.

[14] Wildasin. Economic integration and labor market institutions: Worker mobility, earnings risk, and contract structure. *Regional Science and Urban Economics*,2007,37.

[15] Riphahn. Temporary contracts and employee effort. *Labour Economics*,2005,12.

[16] Susana. Indefinite contract duration: Evidence from electronics subcontracting. *International Review of Law and Economics*,2010,30.

[17] Zhao Rui. Renegotiation-proof contract in repeated agency. *Journal of Economic Theory*,2006,131.

[18] Dubois. Optimal incentives under moral hazard and heterogeneous agents: Evidence from production contracts data. *International Journal of Industrial Organization*,2010,27.

[19] Chhaochharia V. Corporate governance norms and practices. *Journal of Financial Intermediation*, 2009,18(3).

[20] Rajagopalan N. Corporate governance reforms in China and India: Challenges and opportunities. *Business Horizons*,2008,51(1).

[21] James N. Corporate governance practices, CEO characteristics and firm performance. *Journal of Corporate Finance*,2005,11(1).

[22] Bruno V. Corporate governance and regulation: Can there be too much of a good thing. *Journal of Financial Intermediation*,2009,19(4).

[23] Marnewick C. An investigation into the governance of information technology projects in South Africa. *International Journal of Project Management*, 2010,29(6).

[24] Yasuhiko, N. Bargaining over managerial delegation contracts and merger incentives in an international oligopoly. *Research in Economics*,2010,65(1).

[25] Akira O. Coalitional bargaining games with random proposers: Theory and application. *Games and Economic Behavior*,2011,73(1).

[26] Herings P. On the asymptotic uniqueness of bargaining equilibria. *Economics Letters*, 2011, 111(3).

[27] Dongmo Z. A logic-based axiomatic model of bargaining. *Artificial Intelligence*, 2010, 174(16—17).

[28] Duozhe L. Commitment and compromise in bargaining. *Journal of Economic Behavior & Organization*, 2010, 77(2).

[29] Bosworth D. Intellectual property law, technology flow and licensing opportunities in the People's Republic of China. *International Business Review*, 2000, 9(4).

[30] Fershtman C. Patents, imitation and licensing in an asymmetric dynamic R&D race. *International Journal of Industrial Organization*, 2011, 28(2).

[31] Gordanier J. On the duration of technology licensing. *International Journal of Industrial Organization*, 2011, 29(1).

[32] Kim Y. Choosing between international technology licensing partners: An empirical analysis of U. S. biotechnology firms. *Journal of Engineering and Technology Management*, 2011, 26(1—2).

[33] Lichtenthaler U. Determinants of proactive and reactive technology licensing: A contingency perspective. *Research Policy*, 2011, 39(1).

[34] Tanaka H. Dynamic analysis of innovation and international transfer of technology through

licensing. *Journal of International Economics*, 2007, 21(8).

[35] Zylbersztajn D and *Lazzarini* S G. On the survival of contracts: Assessing the stability of technology licensing agreements in the Brazilian seed industry. *Journal of Economic Behavior & Organization*, 2005, 56(1).

[36] 张奇，张志刚，王晓蓬：《基于技术许可的校企合作创新博弈模型构建研究》，《科学学研究》，2009 年第 6 期。

[37] 潘小军，陈宏民，胥莉：《基于网络外部性的固定与比例抽成技术许可》，《管理科学学报》，2008 年第 6 期。

[38] Acworth E. A strategic planning process for organizations at the university-industry interface. *Technovation*, 2006, 26.

[39] Lecuyer C. Academic science and technology in the service of industry: MIT creates a "permeable" engineering school. *American Economic Review*, 1998, 88.

[40] Lecuyer C. What do universities really owe industry? *Minerva*, 2005, 43.

[41] Hershberg E, Nabeshima K. Opening the ivory tower to business: University-industry linkages and development of knowledge-intensive clusters in Asian cities. *World Development*, 2007, 35.

[42] Tether J, Tajar A. Beyond industry-university links:

Sourcing knowledge for innovation from consultants, Private research organizations and the Public science base. *Research Policy*, 2008, 37.

[43] Marques J, Caraca C. How can university-industry-government interactions change the innovation scenario in Portugal. *Technovation*, 2006, 26.

[44] Inzelt J. The evolution of university industry-government of relationships during transition. *Research Policy*, 2004, 33.

[45] Mowery D, Shane M. Introduction to the special issue on university entrepreneurship and technology transfer, *Management Science*, 2002, 48.

[46] O'Shea R, Allen T. Delineating the anatomy of an entrepreneurial university: The Massachusetts Institute of technology experience. *R&D Management*, 2007, 37.

[47] Semsar E. Multi-agent team cooperation: A game theory approach. *Automatica*, 2009, 45(10).

[48] Hossain L. Communications network centrality correlates to organizational coordination. *International Journal of Project Management*, 2009, 27(8).

[49] Riechmann T. Competition as a coordination device: Experimental evidence from a minimum effort coordination game. *European Journal of Political Economy*, 2008, 24(2).

[50] Amil D. Coordination and delay in global games. *Journal of Economic Theory*, 2007, 134(1).

[51] Hung-Pin. Technology-push and communication-pull forces driving message-based coordination performance. *The Journal of Strategic Information Systems*, 2006,15(2).

[52] McChesney I. Communication and co-ordination practices in software engineering projects. *Information and Software Technology*,2004,46(7).

[53] Terwel B. How organizational motives and communications affect public trust in organizations: The case of carbon dioxide capture and storage. *Journal of Environmental Psychology*,2009,29(2).

[54] Oberg A. Hierarchical structures of communication in a network organization. *Scandinavian Journal of Management*,2008,24(3).

[55] Souza J. Self-organization and self-management in communications as applied to autonomic networks. *Computer Communications*,2008,31(13).

[56] Dinsbach A. The role of communication content in an ethnically diverse organization. *International Journal of Intercultural Relations*,2007,31(6).

[57] 邹樵:《共性技术扩散机理与政府行为研究》,华中科技大学博士学位论文,2009 年。

[58] 邹樵:《共性技术扩散的概念及其特征》,《科技管理研究》,2010 年第 19 期。

[59] Tassey G. Underinvestment in public good technologies. *Journal of Technology Transfer*,2005,30.

[60] Bass F M. A New Product Growth model for Consumer Durables. *Management Science*, 1969, 15(5).

[61] Fisher J C, Pry R H. A simple Substitution model of Technological change. *Technology Fore-casting Social Change*, 1971, 3.

[62] 王伟强:《技术创新扩散研究新思维》,《云南科技管理》,1994 年第 2 期。

[63] 徐玖平,廖志高:《技术创新扩散速度模型》,《管理学报》,2004 年第 3 期。

[64] Rogers E. *Diffusion of innovations*. The Free Press, 1995.

[65] McFarlan F W and MeKenney J L. The Information AiehiPelago-Gaps and Bridges. *Harvard Business Review*, 1982, 60(5).

[66] Nolan R L. Managing the Crisis in Data Processing. *Harvard Business Review*, 1979, 57.

[67] Meyer A D. and Goes J B. Organizational Assimilation of Innovations: A Multilevel Contextual Analysis. *Academy of Management Journal*, 1988, 31(4).

[68] Cooper R and Zmud R W. Information Technology Implementation Research: A Technological Diffusion Approach. *Management science*, 1990, 36(2).

[69] 陈文波:《给予知识视角的组织复杂信息技术吸收研究》,复旦大学博士学位论文,2006 年。

[70] 周素萍:《基于技术创新网络的技术创新扩散吸收模型研究》,《软科学》,2009 年第 10 期。

[71] Freeman C. Networks of innovators: A Synthesis of research issues. *Research Policy*, 1991, 20(5).

[72] Imai K, Baba Y. Systemic innovation and cross-border networks: transcending markets and hierarchies to create a new techno-economic system. OECD, 1991.

[73] Hakanson L, Nobel R. Technology characteristics and reverse technology transfer. *Management International Review*, 2000, 40(1).

[74] Nonaka I, Takeuchi H. *The Knowledge Creating Company: How Japanese Companies Create the Dynamics of Innovation*. Oxfoxd University Press, 1995.

[75] 吴传荣:《高技术企业技术创新网络中知识转移研究》,湖南大学博士学位论文,2009 年。

[76] Jones T M. Instrumental stakeholder theory: A synthesis of ethics and economies. *Academy of Management Review*, 1995, 20.

[77] 吴贵生,李纪珍:《技术创新网络和技术外包》,《科研管理》,2000 年第 4 期。

[78] 王大洲:《企业创新网络的进化与治理:一个文献综述》,《科研管理》,2001 年第 5 期。

[79] 陈新跃,杨德礼,董一哲:《企业创新网络模式选择研究》,《科学管理研究》,2002 年第 6 期。

[80] 刘卫民,陈继祥:《创新网络、复杂性技术及其激励性政策研究》,《中国科技论坛》,2004 年第 5 期。

[81] 沈必扬,池仁勇:《企业创新网络:企业技术创新研究的一个新范式》,《科研管理》,2005 年第 3 期。

[82] Antoniadis P. Comparing economic incentives in peer-to-peer networks. *Computer Networks*, 2004, 46(1).

[83] Bowles S and Gintis H. Persistent parochialism: Trust and exclusion in ethnic networks. Journal of Economic Behavior & Organization, 2004, 55(1).

[84] Burt. The network structure of social capita. *Research in Organizational Behavior*, 2000, 22.

[85] Charness G and Jackson M. Group play in games and the role of consent in network formation. *Journal of Economic Theory*, 2007, 136(1).

[86] Deroian F. Endogenous link strength in directed communication networks. *Mathematical Social Sciences*, 2009, 57(1).

[87] Epstein. Efficient graph topologies in network routing games. *Games and Economic Behavior*, 2009, 66(1).

[88] Georgiadis. Optimal design of supply chain networks under uncertain transient demand variations. *Omega*, 2011, 39(3).

[89] Goyal S and Vega-Redondo F. Structural holes in social networks. *Journal of Economic Theory*, 2007, 137(1).

[90] Hadjikhani A and Thilenius P. Industrial relationships and the effects of different types of

connections. *Industrial Marketing Management*, 2011,38(6).

[91] Levison M, Word F R and Webb J W. *The settlement of Polynesia: a computer simulation*. University of Minnesota Press,1973.

[92] 苗长虹:《全球—地方联结与产业集群的技术学习——以河南许昌发制品产业为例》,《地理学报》,2006年第4期。

[93] 苗长虹,魏也华:《技术学习与创新:经济地理学的视角》,《人文地理》,2007年第5期。

[94] Moira Dectera, David Bennettb, Michel Leseurec. University to business technology transfer-UK and USA comparisons. *Technovation*,2007,27.

[95] Liu Xiaohui, Trevor Buck. Innovation performance and channels for international technology spillovers: Evidence from Chinese high-tech industries. *Research Policy*,2007,36.

[96] Spyros Arvanitis, Ursina Kubli, Martin Woerter. University-industry knowledge and technology transfer in Switzerland: What university scientists think about co-operation with private enterprises. *Research Policy*,2008,37.

[97] Veugelers R, Cassiman B. Foreign subsidiaries as a channel of international technology diffusion: Some direct firm level evidence from Belgium. *European Economic Review*,2004,48.

[98] Guo Bin. Technology acquisition channels and industry performance: An industry-level analysis of Chinese large-and medium-size manufacturing enterprises. *Research Policy*, 2008, 37.

[99] Pnina Shachaf. Cultural diversity and information and communication technology impacts on global virtual teams: An exploratory study. *Information & Management*, 2008, 45.

[100] King D R, Nowack M L. The impact of government policy on technology transfer: An aircraft industry case study. *Manage*, 2003, 20.

[101] Sabrina Dalla Palma, Karim Zein. The DELTA programme-An example of participative technology transfer approach in the south and east Mediterranean countries. *Journal of Cleaner Production*, 2004, 12.

[102] Sridhara Murthi K R, Shoba T S. Technology transfer trends in Indian space programme. *Acta Astronautica*, 2010, 67.

[103] 周华明,姚怡衷:《技术管理与知识管理》,苏州大学出版社,2004 年。

[104] 吴晓波,杜健:《技术与创新的管理:战略视角》,电子工业出版社,2007 年。

[105] 郝寿义:《区域经济学原理著》,上海人民出版社,2007 年。

[106] Malik K. Aiding the technology manager: A

conceptual model for intra-firm technology transfer. *Technovation*,2002,22.

[107] Byung Park. Knowledge transfer capacity of multinational enterprises and technology acquisition in international joint ventures. *International Business Review*,2011,20.

[108] 马晓里:《图书馆实现知识转移的途径与对策》,《南阳理工学院学报》,2009 年第 2 期。

[109] Abdelkader Daghfous. An empirical investigation of the roles of prior knowledge and learning activities in technology transfer. *Technovation*,2004,20.

[110] Arnold Reisman. Transfer of technologies:A cross-disciplinary taxonomy. *Omega*,2005,33.

[111] 张爱民,王长永:《流体力学》,科学出版社,2010 年。

[112] 陈永恩,王峰:《数学建模与实验》,科学出版社,2008 年。

[113] 王冬琳:《数学建模及实验》,国防工业出版社,2004 年。

[114] 郭燕青:《技术转移与区域经济发展》,经济管理出版社,2004 年。

[115] 邵景波,张立新:《美日政府在高校技术转移中的作用比较及经验借鉴》,《哈尔滨工业大学学报(社会科学版)》,2003 年第 4 期。

后　记

本书是由我的博士后出站报告修改而成的。在书稿完成之际，首先感谢我的合作导师田立新教授，田老师不仅学识渊博，学术洞察力敏锐，而且具有严谨的科学态度和孜孜不倦的奋斗精神。对于我的研究工作，田老师给予了精心的指导，他的言传身教和数次在江苏大学主持的学术报告使我终身受益。在今后的科学研究道路上，我一定铭记田老师的教诲，认真、严谨、勤奋地开展我的研究工作。

感谢江苏大学及江苏大学管理学院和江苏科技大学经济管理学院提供的良好学习环境和科研条件，感谢在我学习和科学研究过程中给予帮助的所有老师和同事们。

最后，对我的家人表示深深的感谢！他们给了我精神和生活上的巨大支持！